シリーズ 発達障害がある子の「生きる力」をはぐくむ

ことばの力を伸ばす考え方・教え方

話す前から一・二語文まで

湯汲英史 編著

明石書店

はじめに

多くの場合、運動やことばの遅れが、子どもの発達上の問題に気づかせます。特にことばの遅れは、保護者や関係者のいちばんの気がかりとなります。

ことばの心配が大きくなりすぎると、子どもとの関わりが不自然になりがちです。大人が緊張して子どもと接すれば、せっかくの時間が味気ないものになりかねません。ことばの成長についてなんらかの心配があれば、専門機関を訪ねたほうがいいでしょう。もしも問題がなければ、ことばの成長を心配したことはきっぱりと忘れましょう。

専門機関でことばの問題を指摘されたら、そこで成長の具合や課題を教えてもらいます。ひとつ忘れてはならないのは、ことばの成長には個人差があることです。発達の姿に、多様性が存在することです。当然ですが、発達途上にある子どもです。今の姿が、そのまま将来の姿ではありません。ことばの力も発達、変化していきます。

子どもによって、コミュニケーション手段に得意不得意がある

人とコミュニケーションするのに使う方法は、ことばだけではありません。サインやジェスチャーも、有効なコミュニケーション手段です。話しことばは苦手でも、文字などの書きことばでは、十分に意思疎通ができる場合もあります。子ども本人にとって使い勝手がよい手段は何か、大人には見つけだす役目があります。

また、発達障害によっては、コミュニケーションに特徴があります。その特徴を理解しないと、コミュニケーションがスムーズにとれなくなる場合もあります。

混乱する子ども

ことばには「理解」と「表現」という、2つの面があります。ことばに問題を持つ子の多くは、理解と表現にギャップがあります。大人は、子どもがわかっていると思いこみ、能力以上のことを求めることがあります。こういう場合、子どもの能力を無視して一方的な指示を出しがちです。このことが、子どもを混乱させてしまいます。

逆に、何もわかっていないと思いこみ、必要なことを教えないこともあります。このことによって、子どもの成長に問題が起こってしまいます。

ことばの成立とそのメカニズムなどを紹介

一方的な指示など、コミュニケーションがうまくとれないことで、子どもの恐怖や不安が強まることがあります。理解できないことばかりをいわれる子は、反抗的な姿を見せたり、すねたりもします。それらを防ぐには、子どものことばの状態や能力を、ある程度理解する必要があります。本書では、ことばの発生の姿や、それを成立させるメカニズムを紹介します。

また、つまずきの姿とともに、押さえておきたいポイントや指導法を紹介します。これらのことは、ことばの力を育てる際に、きっと参考になるはずです。

自己決定の時代が進む中で

この本の著者たちは、子どもや青年のコミュニケーション能力を高めるための仕事をしています。具体的にはクリニックなどで、ことばやコミュニケーションの専門家である言語聴覚士として働いています。

以前は、発達障害のある子に対して、話してもわからないから仕方がない、何を言いたいか理解できないからしょうがないと考えられていました。コミュニケーションが成立しなくて当たり前と思われていました。

しかし、今は違います。どうやって本人の意思を確認し、コミュニケーションをとるかが、関係者の間で真剣に議論されています。専門家として働きながら、発達障害のある子や青年の「意思尊重と自己決定」、さらには社会参加が重要との考え方が、着実に進んでいることを感じます。

これからの時代は、さらに本人の意思などが尊重されるようになるでしょう。このために、ことばやコミュニケーションの問題への理解は、関わる人にとって必須の要件となるでしょう。社会参加の実現には、本人だけではなく、コミュニケーション能力のある私たちの側にこそ努力をする必要があります。本シリーズでこれから発刊される本も含め、ことばの本を通して、本人意思のよき理解者、さらには代弁者が増えてほしいことも出版の目的の一つです。

２０１０年7月　　子どもの健やかな成長を祈りながら

著者を代表して　言語聴覚士　湯汲《ゆくみ》 英史《えいし》

目次

ことばの力を伸ばす考え方・教え方

――話す前から一・二語文まで

第2章 まずはことばの土台づくりから

第3章 ことばの力を伸ばす子どもとの関わり方

第4章 人とのやりとりをうながす場面づくり

第5章　物を区別し、主張できるようになるまで

本文イラスト　須藤圭子

第1章

ことばのつまずきってどういうこと？

1 【理解編①】単語の理解につまずきがある

発見がことばにつながる

子どもの運動発達では、目的に向かって手を伸ばす「リーチング」が重要な働きを持つことが知られています。リーチングは、からだの動かし方の成長をうながすだけではなく、子どもの心に目標物を意識させ、それを手にしたいという意欲を育てます。

発達につまずきがあると、リーチングの姿が見られなかったり、少なかったりします。また動きに「ひねる」運動が現われにくく、寝返りなど姿勢の変換が少なく、さらにはつかまり立ち、始歩が遅れたりします。

発達障害のある子に運動指導をする目的は、からだの動かし方を学ぶだけではありません。心の中に目的意識と意欲をはぐくむという意味があります。

子どもは、話せるようになる前に、たとえば犬を見かけた時などに、「あっ！　あっ！」と指さしをして声をあげたりします。その表情からは、「犬を見つけたよ！」という喜びが伝わってきます。

一方大人は、子どものようには物を見ていません。ですから、何かを見て心が動かされることは滅多にないでしょう。ところが、旅先などで、はじめて出会う風景に接した時に、心が強く動かされることがあります。子どもの「あっ！」のような発見の世界は、実はこのような時なのかもしれません。

見た物を強く印象づける子ども。その時、まわりの物から何かが突出して浮き上がって見えるのかもしれません。その強烈な体験や発見を誰かに伝えたいという気持ちが、ことばに結びついていくように思います。

ことばではなく場面で理解している

「手を洗って」ということばで、子どもがその通りにしたからといって、ことばをちゃんと理解しているとはいえません。いつもの洗面所で、大人の「手を洗って」のことばかけ、それらが理解を助けて、手を洗う行動を引き起こしている可能性があります。たとえば、「今日は汚れていない。手は洗わないよ」と話しかけた時に、手を洗わなければ、ことばを理解していると考えてよいでしょう。

子どもには、ことばがちゃんとはわかっていなくても、いくつもの事柄について、同じことばかけがあると動ける段階があります。正確にことばを理解しているのではないという意味で、「場面依存性の言語理解」といったりします。

場面依存性の言語理解は、ことばを合図に行動するという点で、無意味な段階とはいえません。ことばに近い音で、自分をコントロールできるようになるからです。

その一方で、「汚れていない。手は洗わないよ」と、いつもと違ったことばをかけられた時に手が止まったりするのは、ことばによって違う意味があることに気づきだすからです。

動きが止められない

大切なことばの働きのひとつとして、自分の動きをコントロールすることがあげられます。子どもには、「くっく、はく」「おしっこ、いく」など、自分がこれから行うことを宣言する段階があります。この宣言は、誰かに話すというよりも、自分のからだに向かって話していると考えられます。子どもが、からだにこれから「靴をはきます」「トイレにいっておしっこをします」と伝えます。そう動くよう、からだに指示するといえます。

落ち着きのない子では、「手はおひざ」「(いすに)座る」といった宣言が聞かれないといわれます。からだに向かって指示する間もなく、勝手に動いてしまうのでしょう。だからこそ、これからすることを宣言させる必要があります。静止のことばがわからないと、からだは本人の意思と違って動いたりします。学習する前には、「何をするの？」と聞いて、子どもに「手はおひざ」と宣言させます。そうやって、からだをコントロールするために必要なことばを教えます。

基本的な対応

物の名前がわからない場合や、場面で理解する段階では、以下のようなことがポイントとなります。

●同じことばを繰り返していい、それを定着させる。
●アクセントをつけ強調して話す。
●指さしの意味を教えるために、「型はめ」などで大人が指さしたところに入れさせる。

2【理解編②】一度に覚えられることばの数には違いがある

単語レベル

ことばを聞いて、それを覚えるのは短期記憶の力です。短期記憶の力は、子どもによって違いがあります。

大人が「ワンワン」といった時に、「犬」を見たり指さしできる段階です。「コップ」のことばと、ちょうだいのサインに反応してコップを相手に手渡せたりします。

大人は、1歳の子どもに複雑な文章で話しかけたりはしません。子どもの年齢に応じて、話の内容を調整しています。

その一方で、年齢の高い子には、大人は「～したら○○になって大変だから、□□しなさい」と複雑な文章で話しかけたりします。しかし、ことばにつまずきがある子どもには、単語レベルの短期記憶しかできないことが多く、こういう複雑な文章は理解ができません。

大人がこういう話し方をするのは、子どものからだの大きさが影響するのかもしれません。ある程度の年齢になり、またからだが大きいと、大人は「わかっている」という先入観を持ちやすいのかもしれません。いうまでもありませんが、単語レベルの記憶容量しかない子では、複雑な文章を理解できず混乱させたりします。

二語文レベル

2つのことばを覚えられる段階です。「コップとほん」といい、ちょうだいのサインを出します。それに応じて、2つの物を手渡せるようになります。

2つのことを覚えられ、わかりだすと、子どもの聞きわけがよくなったと感じたりします。二語文が記憶できると、「座って待っててね」に対して、待っていられるようになったりします。子どもが待てるようになると、いっしょに行動するのがとても楽になります。子どもも自身が、ある程度自分の行動をコントロールできるようになるからです。

「先生にあげて」と話すと、先生に手渡せます。「ママに渡して」のことばで、届けられるようになります。簡単なご用ができだす時期といえます。積極的にご用をさせることが、ことばの力を発達させることにもつながります。

三語文レベル

3つのことばを覚えられ、手渡せる段階です。三語文レベルになると、助詞が含まれてきます。文章が正確になってくるといえます。

たとえば「先生に○○をあげて」「ママに△△を渡して」と話しかけたとします。自分で「○○」や「△△」にあたる物の名前が理解できるようになれば、指示に対して物と人の関係も含め正確に理解できだします。

さらには、「お皿の泡を落として」「玄関から新聞を持ってきて」「皮をむいて捨てて」といった指示がわかり、それに従えるようになります。三語文が理解できだすと、子どもができる内容が変化します。ことばの理解レベルが質的に変わり、ご用のレベルが上がって、毎日のお手伝いが可能となります。

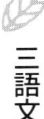

3【理解編③】通常の会話が理解できない

子どものわからないと、大人のわからない

私たちは、ふだん何気なく会話をしています。その会話の中には、子どもには理解しにくい内容があります。ことばの理解が進み、表現もできる子は、大人の話がわからない時には、「どういうこと？」「どうしたらいいの？」と問い合わせをしてきます。ところが、ことばの発達につまずきがある子の場合には、その問い合わせがなく、理解の状況がわからないままに、大人の一方的な話になることがあります。

逆に、わからないという大人の思いこみが、子どもへのていねいな説明をカットさせてしまいます。説明なしの一方的な指示が、子どもを混乱させることもあります。

仮定の話がわからない

大人は、先のことを見越してこれからすべき行動を決めています。「雨が降るかもしれないから、おウチに入ろう」ということばには、雨を予測した上での行動が示されています。ところで、この話が出た時には、雨は降っているのでしょうか。実際には、雨は降っていません。このために、仮定の話がわからない子どもには理解しがたい指示となります。ある子は、「雨は降っていない。おウチには入らない」と考えるかもしれません。

こういう時には、大人は少々大げさな表情で、「雨くるよ。冷たい冷たいだよ。おウチに入ろう。おウチで~しよう」といった声かけをしたほうがよいでしょう。雨がくることを、表情で表現します。おウチに入ったあとには、楽しいことが待っていることも示します。

このほかにも、「急がないと間に合わないから、はやく~しなさい」という指示を、大人は子どもによくします。子どもにしてみれば、「間に合わない」がどういうことで、そのことがどういう結果につながるのかも理解できません。ただ、せきたてられてあわただしさを感じるばかりです。

こういう時には、仮定の話ではなく、子どもの準備をいっしょにしながら、スピードアップを図ったほうが効果的でしょう。

子どもが「～かもしれない」ということばを獲得するのは、一般的には4歳過ぎとされます。「～かもしれない」という見方を獲得することで、子どもは「先の世界が決まったものではない」ことを知ります。自分の思い通りにはならないことも理解するのでしょう。

この時期から子どもは、「～かもしれないから◯◯しよう」というように、先のことへの準備ができるようになります。出来事を柔軟に受けとめ、あわせて先のことに備えるという意識が生まれます。

子どもが、その段階までに達していないと、仮定の話は難しい内容となります。子どもの様子を見ながら、仮定の話を含めないで表現するようにしましょう。

わかりづらい内容

子どもにとってわかりづらいのは、仮定の話ばかりではありません。大人が頻繁に使うことばにも、ことばにつまずきがある子の場合には難解な表現があります。

「走っちゃダメ」「立ってはいけません」「うるさいよ」……

これらの表現は、子どもに対して大人が頻繁に使うことばですが、ことばにつまずきがある子にはわかりづらいとされます。

大人の話すことばの真意は、

「走っちゃダメ＝歩きなさい」「立ってはいけません＝座りなさい」

「うるさいよ＝話さない、口を閉じる」

です。わかりづらい子には、

「歩きなさい」

「座りなさい」

「話さない、口を閉じる」

と、大人が望んでいる行動を、正確に示すことが推奨されています。

ところが実際には、走っている子に向かって「歩きなさい」ということばがスムーズに出てきません。とっさの時には、「走っちゃダメ」と注意してしまいます。

子どもが反対ことばを獲得するのは、2歳前後からです。知能テストでは、〈大きい―小さい〉の理解が試されます。

大人は、「走っちゃダメ」と注意しながら、子ども自身が「歩く」という類推を働かせるのを期待しているのかもしれません。さらにいえば、子どもが「走っちゃダメ」と注意されたあとに、「歩けばいいんだ」と考え、行動したとします。自分で考えだした行動ですから、大人の命令に従ったことにはなりません。「走っちゃダメ」という注意には、子どもに反対類推力を身につけさせるきっかけづくりと、自律的な行動ができるようにする働きがあるのかもしれません。

ちなみに筆者は、「走っちゃダメ、歩きなさい」というように、注意のことばのあとに、望ましい行動をつけ加えるようにしています（これは、反対類推ができない子の場合です。できる子には、注意のことばだけにします）。

大人と同じように、さまざまな反対語が理解されるのは、小学校2年生くらいとされます。それまでには、反対語とくっても、子どもの体験も影響するようですが、その理解にはレベルがあります。反対概念は、何年もの時間をかけて学ぶ事柄といえます。

会話には、以下のようなものがあります。

「大きいね」「いや小さいほう」

「暑いね」「本当に暑い」

「遠いかな」「それほどでもない」

このように、会話には頻繁に反対語や類似の表現が使われます。会話を通して、互いに相手の感じやその程度をはかりあいます。子どもにも大人の感じを伝えたい理由は、将来の自然な会話を理解するのに必要だからでもあります。

反対類推は、物事についての物差し、はかりという役割があります。その理解への第一歩が、反対類推をうながす「走っちゃダメ」などのことばにあるのでしょう。

4【理解編④】理由がわからない

ていねいな注意がいいとはかぎらない

大人は、経験的に学んだことを踏まえ、次のように子どもに注意をします。

「落ちるから置いちゃダメ」

「汚れるからさわっちゃダメ」

「危ないから走らない」

とくに注意が必要なのは、子どもにていねいに関わることを、細やかに説明することと勘違いすることです。ていねいな説明が、子どもを混乱させてしまうことがあるからです。

理由の理解と類推力

子どもの能力で重要なものに、類推する力があげられます。たとえばことばですが、「ブーブー」がわかっている子がいたとします。その子が、同じ物が「くるま」ともいわれていることがわかる際に、類推力が働くとされます。さらに進んで、「じどうしゃ」も「くるま」と同じ意味であることを学んでいきます。同じ物にも、３つの違ったことばがあることを類推をもとに理解するといえます。

ことばにつまずきがある子では、一度覚えたことばが違うことばに置き換えられない姿が見られます。大きくなっても、「ブーブー」といったり、「にゃーにゃー」と表現したりします。

類推力によって子どもは、「落ちるからそこに置いちゃダメ」「汚れるからさわっちゃダメ」「危ないから走らない」といった、理由まじりの文章を理解するのでしょう。意味を完全には理解できなくても、大まかに把握します。大人のことばをくり返し類推することで、理由の意味を学ぶのでしょう。ところがことばにつまずきがある子では、類推が働きにくく、理由の役割や意味が理解できなかったりします。

理由文がわからないと……

理由の文章がわからないと、

「落ちるから置いちゃダメ」
「汚れるからさわっちゃダメ」
「危ないから走らない」

というように、指示や命令のことばとして受けとめられる可能性があります。

ていねいに説明したつもりが、子どもによっては効果がなく、違う意味に受けとめられる可能性があります。

理由がわからない子では、短期記憶のできることばの数にも配慮します。基本的には、文章を短く切って説明します。たとえば、以下のような内容に変えます。

「落ちるよ。そこに置かない。ここに置くよ」
「汚れるよ。さわらない。ここにきなさい」
「危ない。走らない。歩こう」

大人は、理由文をつけることで、子どもはわかって当然と考えがちです。その思いがあるためか、子どもの反応によっては、「わざとやらない」「無視している」「反抗している」という気持ちを生んだりします。しかし、「理由を理解できていないかもしれない」と考えることで、子どもへの理解が深まります。

5 【表現編①】表現できない子

声を出す子ども

子どもが何かを発見した時に出す音には、自分の気持ちが込められています。その音は人に向けられて、そしてことばへと育っていきます。

ことばを話せるようになる前の子どもには、喃語《なんご》と呼ばれる発声が見られます。この発声には、ことばの源ともなる音があるとされます。

ところが、ことばにつまずきがある子では、喃語が聞かれなかったり、限定された音しかない場合があります。こういう子には、発声をうながすための練習などを行ったりします。

声を出す時には、呼気筋や声帯、唇や舌を使います。これらはすべて筋肉であり、発声が筋肉の働きによる運動の一種であることを表わしています。

ことばにつまずきがある子の場合、筋肉の緊張が低い「筋緊張の低下」が見られたりします。筋緊張の低下ばかりでなく、筋肉を上手に動かせない「不器用さ」も見られます。

唇や舌だけを訓練し、筋肉を鍛えることはできません。不器用さも解消されません。子どものころには全身運動が、呼気筋も含め、発声に必要な筋肉の成長をうながし、筋力などをつけるとされます。リトミックや体操、それから歩行、水泳などの全身的な運動を通じて、発声、発語に関わる筋力をつけたいものです。

伝えたい思い

ダウン症の子も含め、ことばの発達につまずきがある子に、マカトン法などのサイン言語が勧められたりします。サイン言語は、筋緊張が低いために、発声に制限がある子に有効です。

サイン言語を教えると、発語に悪影響があるのでは、と不安を持つ人がいます。実際には、人とコミュニケーションをとりたいという意識が弱ければ、発語にはつながりません。とくにダウン症の子では、筋緊張の低下が見られます。このために、伝えたい気持ちがあってもそれを十分に表現できなかったりします。

サイン言語は、発語と同じように相手に伝えたいという思いを育ててくれます。その思いがベースにあれば、ことばで正確に伝えたいという意欲にもつながります。

要求しない自閉的な子ども

自閉的な子どもは、人にねだったり、せがんだりしません。「～して」「～しよう」「いっしょにあそぼ」など、子どもに普通に見られる、人への要求の姿が見られないか、とても希薄です。子どもはせがみ、求める中で受けとめてくれる大人との間に愛着関係を築きます。自閉的な子どもは、相手に要求することがなく、このために人との間に愛着関係が生まれにくくなります。

子どもは、大人との間に愛着関係を築き、依存します。大人との関係があるから、恐怖や不安にも耐えられ、また乗り越えられます。

もしも頼れる大人がいなかったとしたらどうでしょうか。子どもは怖い時に、「だいじょうぶ」「こわくないよ」「強い子だね」といった受けとめやはげまし、承認を受けられません。子どもが要求しないと、お互いで話し合う交渉の機会が少なくなります。大人は、自閉的な子どもに「これでいい？」というように問い合わせをします。ただ、子どもにはその意味が通じないことが多いのです。

すると、ことばでの意思疎通や確認が互いにできないままの状態が続きます。そして突然、自閉的な子は気持ちを乱し、不安を示したり怒ったりします。その手前で、ことばでのやりとりが成立していれば、急に激しく表現しなくてもすむはずです。ところが、それをできません。泣き叫んだりして、孤立しながら切羽詰まった表現になったりします。

自閉的な子どもを安定させるために、大人が子どもの要求のすべてを受け入れるという方法は、極端な自己中心性につながる可能性があります。怖がる時もそうですが、大人が子どもといっしょに恐怖の対象を乗り越えるという心構えが必要です。このような体験を通して、大人への依存や愛着が生まれることがあります。

自閉的な子も大きくなると、多くの場合は自分の要求を落ち着いて表現できるようになります。

子どもが何を要求しているかわからない

自閉的な子もそうですが、ことばの力が十分に育っていない段階では、子どもの要求の中身がよくわからないことがあります。

機嫌が悪く、泣き叫ぶような表現の時には、体調の不良が考えられます。病気の一歩手前という状態です。眠かったり、お腹がすいている時もあります。長い時間を歩いたあとなど、疲れた時にも気持ちが不安定になりがちです。子どもが不機嫌な時は、まずは生理的な原因を考えます。生理的なものであれば、それが満たされたあとには、不機嫌はある程度解消されるはずです。

こういった、病気も含めてからだからくる不機嫌さは、おおむね成長するにつれて減ってきます。生理的な要素は、成長に合わせて自己コントロールができてくるといえます。このことは、定型発達の子と同じといえます。

記憶力がついてくると、いわゆる「こだわり」や「パターン化」が見られるようになります。ことばの力が成長すれば、状況に合わせた対応ができるのでしょうが、この段階では自分の「つもり」に執着し、問題と見なされがちです。

とはいえ、こだわりやパターン行動は、一概に問題とはいえません。記憶力がついただけでなく、自分で物事に対応しようとする気持ちの現われでもあるからです。なお極端に強い場合には、「こだわりをくずす」対応が必要となります。

誰にでもある「自分で」の気持ち

こだわりやパターン行動の背景には、「自分でしたい」という気持ちがあるようです。子どもの発達では、「自分でする」という姿が1歳半ばころから見られだします。自我が出てきたとも表現される時期です。

「第一次反抗期」ともいわれるこの時期ですが、子どもの自立には必要なプロセスとされます。とはいえ、子どもの反抗的で意志堅固な姿に、慣れない大人は振り回されたりします。こういう時期があることがわかれば、子どもとの駆け引きにも余裕が出てきます。もちろん、これに話してもわからないこの反抗期ですが、幼児期全般に続いたりします。またことばの力や、物事を柔軟に受けとめられるかどうかもは性格も影響するのでしょう。
関係します。

ことばにつまずきがある子では、言語での自己主張ができないので、大人には「自分で」という気持ちがあることに気づきにくかったりします。このために一方的な指示に終始し、対応を誤ることがあります。

第一次反抗期の子どもと接する時と同じで、やって「いいこと」と「いけないこと」をはっきりさせる、また「やっていいことでもやれない場合がある」といったことを、適時に教えていく必要があります。子どもの主張が自己中心的で理不尽な場合には別ですが、子どもの自分でやりたい気持ちは評価し、やるようにうながします。

6 【表現編②】自分の考えを表現できない

新しい活動に「いや」を示す

大人の指示に対して見せる、子どもの拒絶。ことばにつまずきがあるために、何かを理解できずに起こることがあります。

場面の切り替えについていけない子がいます。具体的には、今やっていることと違う活動に移る時に、スムーズに切り替えられません。そしていやがる、ぐずる、座りこむなどの姿を見せたりします。

多くの子どもは、大人が誘導する新しいことに興味を持ちます。そして、次の取り組みにスムーズに移り、遊ぶことができます。この時は、大人は説明とともに、子どもの安心と同意を確認しながら次の活動に誘導します。

具体的には「～やる?」と聞き、子どもの「うん」といった返事や顔の表情で判断します。子どもはもともと臆病なところがあります。説明もなしに、急に新しい活動に移行すれば、不安になって泣きだしたりします。

ことばにつまずきがある子の場合、説明を理解できなかったりします。また、自分から「うん」と返事ができないこともあります。このために、新しい活動への心構えができません。ただこのままだと、体験しないままに終わってしまいます。子どもの様子を見ながら、活動に少々強引にでも参加させ、大丈夫だったという体験をさせます。楽しい体験を積む中で、切り替えがスムーズになるはずです。

「はい」と答えてしまう

子どもに「～する?」と聞きます。すぐに「うん」と同意します。ところが新しい活動をはじめると、大声で泣き出したりします。よくある光景ですが、これは子どものイメージしていたことと、大人のそれに食い違いがあることによって起こるのでしょう。とくにつまずきがある子の中には、すぐに「はい」と答える子がいます。「はい」と答えたからといって、決して同意しているのではありません。この理由として、先ほど述べたように大人の意図と子どものイメージの食い違いが原因の場合があります。

たとえば、「そとで遊ぼう」と大人がいったとします。この時に大人の意図は、砂遊びとします。ところが子どものほうは、三輪車だったとします。やることが食い違い、泣いて拒絶する子も出てきたりします。このような誤解を持ちやすい子どもの場合には、遊びの名前を具体的に伝えたほうがよいでしょう。

つまずきがある子の場合には、説明の仕方によっては誤解を生んでしまいます。どういう風に表現したら適切に伝わるかを考える必要があります。あわせて大切なのは、誤解して混乱する子に「だいじょうぶ」といった声かけをし、安全、安心であることを伝えることです。これをくり返しながら、無用な恐怖や不安を持たせないようにします。

7 話す時に大切な配慮点

有効なクオリア表現

「ビヨーンって伸びたよ」「ピョンピョンはねた」「ホッカホカだったよ」「プニョプニョしてた」「コロコロころがった」

といった表現があります。カタカナで書かれた部分は、自分がどう感じたかを表現したものです。こういった表現をクオリア（質感）といいます。

クオリア表現は、聞き手にとって相手の感じ方がストレートに伝わってきて共感が生まれやすいとされます。何よりもインパクトがあり、子どもにとってはわかりやすい表現です。

たとえば、以下のような説明の仕方があります。

「両手に力を入れて握る」

「足を靴に入れる」

「はやく歩く」

「この点からこの点まで線を引く」

これらの文章を、以下のように変えてみます。

「ギュッと握って」

「足をスッと入れて」

「ドンドン歩こう」

「ピッと引いて、ピタッと止める」

説明するまでもなく、子どもにはクオリアを使った表現のほうがわかりやすいことを了解できます。このクオリア表現は、記憶として残りやすいともされます。

ことばの獲得では、ワンワン、ブーブーなどの擬音語（クオリア）がはじめにきます。このことをとっても、子どもに理解しやすい表現であることがわかります。

相手を意識した二語文

単語と二語文には、本質的な違いがあります。たとえば、

「電車きた」「りんごあった」「パパいた」「いっしょにネンネ」

といったことばには、相手への報告や共感、提案などが織り込まれています。二語文は、相手に向かって発せられている表現とされます。この点が単語とは違います。単語はひとり言の場合があります。

相手を意識した二語文ですが、それが使える前には次のようなことばが聞かれます。

「電車ね」

「りんごよ」

「パパだ」

「ネンネね」

このように単語に「ね」「だ」「よ」といった助詞がつけられ表現されます。これらの終助詞には、相手に共感を求める気持ちが込められています。

二語文に進ませる際には、物の名前のあとに終助詞をつけながら話しかけるのもひとつの工夫です。ただ、こういった話しかけ方をすると、「電車」を「電車ね」だと覚える可能性があります。こういう場合には、終助詞を「電車だ」「電車よ」というように変化させて話します。

なお、相手への意識を高め、共感的な話し方を伝えるのが目的です。話す時には、気持ちを込めて語りかけましょう。

8 ことばの力と社会性

社会性の発達

ことばは、相手とのコミュニケーションに使われる道具です。つまり、相手との関わりの中で使われることばは、その獲得プロセスで社会性の発達の影響を受けます。

①人への意識とその発達

赤ちゃんは、首が座って間もないころから人の立てる音に注意を向けだします。話しかけると人の口元を見ます。まわりにいろいろな刺激がありながら、人の行為に対して選択的に注意を払います。

これらがベースにあるからでしょう。大人が見ている物に視線を合わせ、そして「共同注意」といわれる姿を見せるようになります。

共同注意は、大人と子どもと物という「三項関係」の発生にも関係します。たとえば、大人が子どもにミニカーを見せて、「これはブーブーよ」と話しかけます。子どもはミニカーを見ながら、大人に「ブーブー」と答えます。このような三項関係の中で、ことばを含めて、子どもの学習が進むとされます。

発達につまずきがある子の場合、リーチングも含め、目的的な行動が少ないと述べました（16ページ）。このことは、大人の行為に注意が生まれにくいという姿にも現われます。このことが、共同注意や三項関係の成立にも影響すると思われます。指導における最重要の目的は、共同注意や三項関係の成立といえます。

②成熟過程にある「社会脳」

共同注意や三項関係が成立することで、子どもと協同で活動に取り組めるようになります。そして大人の指示を聞けるようになれば、子どもがほめられ、認められる場面もふえてきます。

人間には、喜怒哀楽や好き嫌いといった「個人的情動（感情）」があります。そのほかに誇りや、恥、罪、尊敬、自尊心など、人との関わりの中で生まれてくる「社会的情動（感情）」があります。

この社会的情動が明確になってきだすのが、人からの「〜取って」「ゴミ捨てて」といった簡単な指示に従えるようになる時期とされます。子どもは指示を果たすことで、「えらいね」「お兄（姉）さんになったね」とほめられます。このように認められてうれしいという気持ちを、社会的承認欲求といいます。この欲求は、人間誰しもあるものですが、人生の早い段階で芽生えます。社会的承認欲求があるからこそ、誇りや恥ずかしいといった社会的情動は成長します。

子どもの歩行は、1歳過ぎにはじまり、長距離歩行が可能となる4〜5歳くらいで完成するとされます。一方で、社会的情動も含めて、相手の気持ちがわかるなどの、いわゆる「社会脳」とされるものは、15歳過ぎまで成熟に時間を要するとされます。

歩行も社会性も、脳の働きがあってのことです。しかし、内容によっては、成熟の時期に違いがあります。

③必要なのは根気よい関わり

子どもの社会性の発達には、植物を育てるのに水やりが必要なように、社会的な承認が不可欠な栄養素です。水やりのような、根気よい関わりが必要です。

「自分で決めること」と「相手にあわせて表現すること」

子どもの社会性の発達といった場合、社会性には2つの側面があります。ひとつは、自分で考えて決めるという「自己決定できる力」です。

もうひとつは、自分で決めたことをまわりから受け入れてもらえるような形で表現できるようになることです。これを「社会化」といいます。

①判断基準の発達（自己決定できる力）

自己決定のベースには、判断基準の学習が不可欠です。たとえば、赤ちゃんは〈快—不快〉で物事を判断します。１歳前後になると、〈取る—取られる〉といった姿が盛んになります。子どもは、相手に取られないように必死になります。そのあとには、自己主張が強くなりだし、自分の思いを通そうとします。子どもの判断基準の獲得は、年齢とともにさらに進んでいきます。

②社会化の発達

判断基準の発達とともに、子どもの社会化は進みます。ただ、ことばにつまずきがある子の場合、思いは年相応に成長しながら、その表現である「社会化」に未熟性や問題を持つ場合があります。たとえば、大きくなっても泣いたり騒いだりして要求する、くり返し要求してあきらめられない、時には乱暴しても思いを通そうとするなどです。

子どもは赤ちゃんの時にはよく泣きます。幼児期は全般的に泣いて主張する姿が見られます。しかし、小学生になるころからだんだんと泣かなくなります。ことばでの表現ができるようになることも影響しているのでしょうが、生理的にも泣けなくなるのではと思います。

このことは発達につまずきがある子でも同じです。赤ちゃんや幼児期の初めのころよりも、年齢が進むにつれて泣かなくなります。大きくなっても泣き叫ぶ子は、そうやって要求を通すことを覚えてしまったといえます。

社会化を進めるためには、幼い表現を根気よくたしなめながら、年齢に応じた表現を教える必要があります。

③バランスよく育てたい社会性

自分の思いを遂げることばかりに必死になる子がいます。自己中心的と思われる子です。一方で、自分なりの思いはありながら、表現できない子もいます。内向的な子といわれたりします。子どもによってそれぞれですが、自分なりの判断力と、その表現法の２つをバランスよく育てたいものです。

（参考文献）『わがままといわれる子どもたち』湯汲英史編、すずき出版

【コラム】心理検査でわかること

心理検査は、さまざまな領域で使われています。たとえば性格検査です。運転免許場では、適性検査という心理検査が施行されています。就職試験では、精神の安定度などをはかる検査があります。

つまずきがある子が受ける検査で多いのは、発達や知能検査です。日本では、新版K式発達検査がよく使われています。この検査は、各年齢の子どもができる項目が並べてあり、それが何歳レベルまでできるかで発達年齢（DA）や発達指数（DQ）を出します。

知能検査で使われる田中ビネー式も、K式と同じように各年齢でできることを並べてその合否で精神年齢（MA）と知能指数（IQ）を出します。ただビネー式は、ある年齢以降では、その年齢の子ども集団の中で、どの位置にいるかでIQを算出します。このように、母集団のなかでの位置でIQを出す知能検査にウェックスラー方式（WISC）があります。知能検査は、二十世紀初めにつくられました。100年以上も前の検査の枠組みそのままに、今も使われています。この100年で、社会生活で必要な知能は大きく変化しました。農業主体から、製造やサービス業に移行した日本でもそうです。

IQ値を出す知能検査が、子どもの知能のすべてを計測しているとは決していえません。また将来の状態を予測できる、的確な物差しではないことも、知っておくべきだと思います。

第2章

まずはことばの土台づくりから

9 ことばを話すためのメカニズム

ことばはどうして大切か

発達につまずきがあると、言語やコミュニケーションの障害もあわせ持っています。ほぼ100%といってよいでしょう。たとえば、いわれていることがわからない、自分でもまだお話しすることができない、声も出ない、あるいは、何かいうようにはなったけれど、ことばがはっきりしない、しゃべれるようにはなったけれど、ことばの内容がまだまだ不十分である……などなど。

しゃべれなくても、いわれたことを聞いて動けるようになると、周りはとても楽になったと感じるでしょう。でも、子どもの側から伝えてくる、何かを訴えてくる、ということがないと、本人の意思や要求がわかりにくいということが出てきます。また、いわれることはよくわかるし、動けるけれども、しゃべるということがとても難しい、という子どももいます。ことばにはならなくても、身ぶり手ぶりや声を使って人に伝えることができると、わかり合いもスムーズになります。ただ、身ぶり、手ぶりだけだと、複雑な内容や抽象的な内容までは伝えにくいものです。また、座っている時や、何かをさわりながら声を出していることがあるけれど、意識して声を出させようとするとまったく声を出せなくなってしまうこともあります。たいていは知的な発達がまだまだ未熟な場合ということが多いものです。そのほかに、何かいっているようでも、ひとり言のようでコミュニケーションのために使うことが学べていない場合もあります。

ことばの問題は非常に多岐にわたっていますが、ここでは、まずは言語発達をうながすための基礎的なことを考えていきます。

ことばがつくられるようになるまで

ことばをどうやってしゃべるのか――ふだん私たちはほとんどそれを意識することはないと思いますが、あらためて考えてみます。

ことばは、息をはく時にその息を使って声を出すとともに、口の形を変えたり舌をさまざまに動かす中でつくられます。また、自分の周りで話されていることばを聞くことで、ことばの意味を知り、使い方を覚えていくことになります。

ことばを覚え、使えるようになるためには、①息をはくタイミングに合わせて声を出すこと、②口や舌をさまざまに動かせること、③耳を使ってことばを聞くこと、④コミュニケーションのためにことばを使うこと、という4つが大切です。

この4つの大切なことのうちのどれかひとつでも欠けてしまうと、ことばやコミュニケーションに支障が出てきます。この4つをどのように育てていくかを、ひとつずつ考えていきます。

息をはいて、声を出す

呼吸は、生きているかぎり誰でも自然にやっていることですが、ちょうどよいタイミングで声を出すことはどうやって覚えたのでしょう。声のはじまりは泣き声です。赤ちゃんは泣くのが仕事といわれるくらいに、泣くことは当たり前です。泣き出す前にその前兆《ぜんちょう》のように声を出し、いずれ泣き声に変わっていったりします。こうして、いつのまにか声を出すことは自然に覚えてしまうのです。

そうして、生まれてから1か月もたたないうちに赤ちゃんは、泣き声とは違う「声」を出すようになります。機嫌のよい時に声を出すことで遊んでいるのかなと思えます。この時期の声は、コミュニケーションとしての意味はまだなく、ひとり遊びのようなものです。

障害のあるなしにかかわらず、声を出せている子に対しては、その声をまねることでやりとりをしたり、呼ぶような声だと感じたら、「なーに？」と反応を返すようにして、「声を出すと楽しい」「声を出したらラッキー」と思えるような関わり方をしていきましょう。でも、いつも出っぱなしの声は、かえって本人には意識されていないこともあります。静かにすべき場所などでは、「しずかに」と伝え、声を出さない時があることも教えていきましょう。

発達につまずきがある子どもでは、こうした声をまったく出せないままに大きくなってしまう場合があります。何十年間も声を出さずに過ごしてきてしまうと、そこから声を出すことを教えるのはとても難しくなります。けれども、何かひとつでも意識的に出せる声があると、まねする力が伸びてきた時や人と伝えあうことを覚えてきた時などに、それらしいことばにつながっていく、という子どもたちにも出会います。私が教えたいちばん年齢の高いお子さんは、12歳から声を出すことを覚え、３年くらいをかけて、区切り区切りですが二語文程度の文章をいえるようになりました。「６歳になるまでにしゃべれなければ、一生しゃべれないといわれました」とお母さんからいわれたこともありますが、声を出せていれば、それが指導を通じてことばにつながっていく可能性はあると思います。

10 ことばを教えるのに大切なこと

口や舌をさまざまに動かす

口を使ってしゃべる、ということは誰にでもわかりやすいと思います。しゃべれない子や発音の悪い子どもたちの場合、専門家の訓練が必要な場合もありますが、間接的な方法として、食事や遊びの中で取り組むことができます。

口や舌を使うのはしゃべる時だけではありません。小さいうちは、おっぱいやミルクを飲むためにまず口と舌を巧みに使います。自分の指をチュクチュクと吸ったり、おもちゃや物をなめたりすることも、赤ちゃんにとって口や舌を動かす練習になります。食事を食べられるようになれば、食事の時や歯みがきの時にも口や舌を使います。離乳食をはじめてからたいていの物が食べられるようになるまでに、1年近くかかります。ごっくんと飲みこむこと、食材をよくかむこと、それらを口の中でまとまりのある塊にすること、唇を使って食べ物をかみちぎったり、ストローを使って飲んだりすることも、ことばにつながる練習です。

年齢が高くなってきたら、食べやすい食材ばかりにせずに、意識的に固い物やかみちぎる必要がある食べ物、種や骨を出すことなど、あめなどを口の中でかまずになめ続けることなども案外難しかったりします。ラッパやシャボン玉など吹くおもちゃなどもいいでしょう。また、まねっこなどができるならば、にらめっこ遊びや、口をとがらせたり、ふくらませたり、舌を出したり引っ込めたり、横につけたり上につけたりして遊んだりすることも口や舌を刺激してくれます。食事中にピチャピチャいわせないで、口を閉じてかむことを教えていくうちに、発音がきれいになったお子さんもいました。

耳で聞く

日本にいれば日本語を覚え、外国にいればその国のことばを自然に覚えます。私たちが「日本語」を覚えるのは、日本語の飛び交う中で生活して日本語が耳に入ってくるからです。耳の聴こえに障害があると、日本語が聴こえなかったり、あるいはゆがんで聴こえてしまうかもしれません。そうなると、ことばを簡単に覚えることができなくなってしまいます。言語発達の初期には、ひとつのことばを覚えるまでに５００～６００回もそのことばを聞く必要があるそうです。

まずは、耳がよく聴こえているかどうかをチェックしましょう。日常生活の中では、テレビの音を大きくして見ていることが多くはないか、あるいはテレビに近づいて見ていることはないかなどもひとつの目安になるでしょう。静かな場所で、うしろから小さな声をかけてみて、それに気がつくかどうかを見るのもよいでしょう。心配なところがあったら、聴力検査のできる耳鼻科を訪ねたほうがよいと思います。

また、耳が聴こえていても、騒音やテレビなどの音がたくさんあると、ことばへの注目はしにくくなります。子どもと遊んだり、話しかける時には、周りの雑音に配慮することも必要です。

声かけのタイミングを見計らう

聴こえには問題がないのに、聴こえていないかのようにふるまう子どもたちもいます。大人が話しかけても知らんぷり……、もしかしたら、いわれたことばがわからないのかもしれません。そういう場合には、まずは、子どもの目線に合わせて正面に立って、簡単でわかりそうな一言、二言を、短くはっきりとした口調で話しかけるようにするとよいでしょう。そして、声をかけたら、できるだけそれをやりおわるまで見届けるようにします。たとえば、

「ごはんだよ、いすにすわって」といったら、いすに座るまで見守るか、座らないようならば、座るところまでいっしょにしてしまうとよいですね。いわれたことをする中で、「すわる」とはこういう意味なんだとわかる機会にもなるでしょう。

また、ことばをかける時は、はっきりと短く、といっても、いつもいつも指示ばかり、とならないように、内容には気をつけたいものです。お母さんから名前を呼ばれる時はいつも叱責調……とならないようにしましょう。子どもにとって楽しい話やうれしいことがないと、お母さんのことばに耳を傾けたくなくなってしまいます。

そして、お母さんは、どうしても身の周りのこまごましたことを子どもにあれこれいいたくなることが多いのかもしれません。が、子どもの様子をよく見て話しかけることも大切なことです。言語発達の時期にも関係しますが、はじめのころであれば、子どもが遊んでいる物や見ている物、はっとした時、わーっと何か思っている時などに、その物や気持ちなどをいってあげると、意味がわかりやすく、ことばも覚えやすくなります。まずは、今目の前で起きていることを話したり、お母さんがやっていることや、子どもがやっていることを話題にするようにしましょう。

発達が進んできて、日常的な声かけがわかってきたら、今度はいちいち声をかけるのは余計なことになります。この見きわめは難しいですが、子どもの様子をよくみて考えてください。

11 ことばを獲得するための日常の指導

しゃべらないからわかっていないのか

ある時、施設の玄関で自閉症の青年とそのお母さんとすれちがいました。雨の日だったので、かさをさしてきた青年に「ほら、かさ、たたんで、くるくるまわしてね、とめたの？とめて。そしたらいれる、ここにいれて。で、くつ、くつぬいで……」と、お母さんが一方的にしゃべりっぱなしでした。

でも、当の本人は、お母さんがかさを入れて、というのと同じくらいにはもうかさ立てにかさはさしていたし、くつといいだす前に、足をこすり合わせているのです。「いちいちいわなくても、わかってる、うるさいなあ」と、青年がしゃべれていたら反撃されていたのではないかな、と思う光景でした。

この青年は、人に伝えようとする場面でわずかに声が出るくらいで、おしゃべりはできませんが、それでも身ぶりであいさつを返したり、生活の中で毎日やっていることであれば、ひとりでできることがたくさんあります。わかっていることにいちいち声をかけるのは、言語の発達という点から見ても、ほとんど効果は期待できませんし、お互いにうるさいばかりです。

子どもの様子をよく見て、タイミングよくことばを耳に届けていきましょう。

日常のコミュニケーションの中で使う

ことばをしゃべりだす前の赤ちゃんは、「あー」「うー」といった声を出したりします。それを大人がまねしてみると、あれ？　と思うのか、赤ちゃんはまた同じような声を出す――こんな声の出しあいっこが続いて、やりとりになることがあります。意味は持たない「声」ですが、やりとりはしっかり成立してコミュニケーションのはじまり、ともいえます。

ところが、発達につまずきがあるとこうしたコミュニケーションがなかなか成立しないということがあります。自分のやりたいことはどんどんやっていくけれど、こちらが「ちょっと待って」とか「こうやってみようよ」などと提案しても、まったく知らんぷりだったり、大泣きして怒ったり拒否されたりしてしまうこともあります。マイペースで遊ぶ時間も悪くはありませんが、そればかりでは困ります。それでは、学べることが少なくなってしまうかもしれないからです。また、社会の中でのルールもわかってもらわないと、子ども自身も生きにくくなったり、生きていく世界をせばめてしまうことになりかねません。

そういうタイプの子どもは、人とコミュニケーションすることの良さや楽しさにまだ気づいていないといえます。「ちょっとだけやってみよう」「こういうやり方もあるんだよ」「1回だけ」など、子どもの世界を広げるつもりで関わっていき、できたらたくさんほめていきましょう。自分なりのやり方を強く主張する子は、記憶力も悪くはなく、自分のやり方などがはっきりしているということは、ここにきたらこうやるよ、ということも覚えていける可能性があるといえます。遊んでみたらおもしろかった、こんなやり方でもできるんだ、ほめられるって心地よい、そういう経験を多くさせたいものです。

「ちょうだい」を覚えていった子

私の担当している子どもの中に、書くことの大好きな子がいました。その書いたものを見ると、たて横の線や交差した×のような線もあり、家族にはわかる意味のある絵もあり、おしゃべりは全然できませんでしたが、そうしたことばの発達にくらべ、わかる力はもうすこしありそうでした。

その子は指導の小さな部屋に入るなり、私たち先生の使う机の上の鉛筆を目ざとく見つけてすっとんでいき、すぐに紙はないかと勝手に引き出しをあけたりしはじめます。引き出しをあけようとするのを「あけてはダメっ」と止め、鉛筆をとりあげ、ほしかったら「ちょうだい」だよ、と身ぶりをやってみせながら教えていきます。でも、鉛筆がほしくてわーわーと声をあげて私から鉛筆を奪いとろうしていました。が、うしろからお母さんがそれを抱えこみ止めて、介助して「チョウダイ」の身ぶりをさせて、身ぶりをしたらあげる（鉛筆を渡す）ということを決め、これには家でも取り組んでもらいました。そうして1年もしないうちに、子どもが自分からチョウダイの身ぶりをするようになりました。これをすれば、ほしい物が手に入る、とわかったのです。子どもがチョウダイの身ぶりをした時は、周りは「ちょうだい、ね」などとことばを補うようにして、ほしい物を渡すようにしました。さらに、2年後には、身ぶりとともに「ォーダイ」と「ちょうだい」らしいことばがいえるようになっていきました。

この子の場合も、勝手にほしい物を探しまわって手に入れていたら、「チョウダイ」ということばを覚えることはなかったでしょう。勝手にあけてはだめ、と止められる中で「ほしい！」という気持ちがより高まり、身ぶりを学び、やってみたら手に入る！　という喜びが、身ぶりからことばへと学習を進ませたのだろうと思います。

12 くらしの中でことばを育てる

これまで、ことばはどのようにつくられるか、ということをお話ししてきましたが、次にはことばの発達ということを考えてみます。ことばの発達には、「わかる力」と「しゃべる力」という2つの面があり、これを分けて考えることが必要です。この2つの関係を示すのに、よくことばの発達は「氷山」にたとえられます。海面より上に突き出た部分が「しゃべる力」で、海面よりも下が「わかる力」だといわれます。

氷山というのは海の上に突き出ていて、それだけでは大きくは見えないけれど、実はそのすそ野は海面よりも下では深く幅広くなっているのです。その海面下の広いすそ野がなければ、海面の上に山は突き出ることはできません。つまり、「おしゃべり（しゃべる力）」という目立つ部分は、海面よりも下の部分の「わかる力」が深く幅広くあって、その上に積み上がってくるということなのです。

ですから、わかる力としゃべる力を分けて考え、まずはわかる力を育てましょう。目立たない部分ですが、これをしっかり育てているうちに、意識しなくてもしゃべる力が自然に伸びてくることもあります。

「しゃべる力」よりも「わかる力」

では、わかる力を育てるために大切なことを考えていきましょう。

ことばがわかるようになるためには、前に書いたように、ことばを聞く、という環境が必要です。けれども、それは、小さな子どもにただ、物を見せてその物の名前を連呼して聞かせればいいというわけではありません。たとえば、「スプーン」を教えたい時、スプーンはコップやお皿やフォークなどといっしょにごはんの時に出てくる物で、食べ物をすくったり、たてにして小さく切る時に使ったり……、といった使い方などを、自分でもやってみてわかることが大切です。

ことばは文脈の中で覚えていく、といわれています。文脈というのは、文の流れという意味であり、スプーンの例でいえば、食事という文脈の中で使われる物だ、ということがまずあって、物の名前がわかっていくということになります。文脈というのは、小さな子どもにとっては「生活の流れ」といいかえることができるでしょう。

毎日のくらしが大切なわけはここにあります。くらしというのは、基本的な部分はほとんど同じことのくり返しです。毎日同じことがくり返され、その中でことばが話され、声をかけられる、これが言語発達の初期にある子どもにとってはとても大事な刺激になるのです。たとえば、朝のことを考えても、明るくなったら起きてご飯を食べ、顔を洗って歯みがきをして、着替えをしてから遊びはじめる、というくり返しです。その中で、朝よ、起きなさい、ごはん食べよう、さあ顔を洗おう、歯みがきだよ、着替えてね、さぁ何して遊ぼうか？ といったことばを、何回も聞いてその通りに行動をしていきます。

はじめは、「ごはんを食べよう」といわれて、そのことばだけを聞いて、食事を思い浮かべるのではありません。自分のおなかも空いてきた、お母さんが台所で煮炊きをして、ご飯の炊けるにおいや卵を焼くにおいがする、コップやお皿の音がしてテーブルの上にはおはしやお皿が並ぶなど、五感のすべてに刺激があり、そんな雰囲気の中でお母さんが「さあ、ごはん、たべよう」と声をかける、あーこれが「ご飯を食べる」ということなんだなと漠然とわかるのでしょう。そして、歯みがきするとか着替えをするといったことも、毎日の順番の中で、漠然とわかっていき、それが「ごはん」ということばや「食べる」「着替える」という意味につながっていくのです。

これは、遊びの中でも同じです。子どもは自分の発達にあった遊びやおもちゃを自然に選びとって、しばらくの間は同じように遊びます。たとえば、車などの動く物に興味が出てきたら、バスのミニカーを見せて「バスね、バス、バスよ」とくり返しいうのではなく、まずはミニカーという物での遊び方を教えていく、ということからはじめます。その中で自然に声をかけていきます。「ブッブー、ブッブー」「バイバーイ」「いっちゃったねー」と動かして、一定の場所に駐車させ、じゃあ次も……、で「ブッブー、ブッブー」……、消防車なら「ピーポーピーポー」「バイバーイ」「いっちゃったー」と、同じようなくり返しのある遊びをしながら、似たようなことばをかけていくとよいでしょう。

生活リズムを整えよう

ことばの発達にとっても、毎日の安定したくらしが大切です。安定したくらしとは、生活リズムを安定にする中でつくられます。その基本が、睡眠と食事です。まずは、睡眠リズムを一定にするように心がけましょう。

生活リズムをつくる基本は、ほとんど大人の姿勢にかかっています。子どもというのは刺激があればかなり起きていることができるものです。夜早く寝かそうとするよりも、まず朝は決まった時間に起こしてしまうことです。さらに昼間は十分に活動して刺激をし、夕方は明るくしすぎず、興奮させるような刺激を避けてゆったりと過ごすように心がけましょう。テレビの光は刺激としては強いといわれます。また熱いお風呂なども眠る前には避けたほうがいいそうです。

また、眠る前には必ず歯みがきをしてからトイレに行って、お布団へとか、決まったぬいぐるみにおやすみをしてからお布団に入るなどのパターンを決めておくと、睡眠に入りやすい場合があるようです。パターンをつくることで、安定や安心感が生まれるのかもしれません。また、かけ布団を重い物に替えたら眠りが長くなった、ということもありました。

発達障害のある子どもたちの中には、この睡眠リズムがなかなか安定しない子たちがいます。時には小児科の先生などに相談しながら、とくにお母さんがバテてしまわないように、昼間に上手に休めるような環境を整えられるとよいですね。

次には食事です。これは内容と時間の問題があります。睡眠が安定すれば比較的、時間は安定しやすいでしょう。また、食事が何でもしっかりと食べられる子どもは、何ごとに対しても取り組む姿勢が違うと感じます、とベテランの保育士さんから聞いたことがあります。いろいろな物をバランスよく、よくかんで食べることは、からだの発育のためにも大事ですし、前にお話ししたおしゃべりのためにも食べることはよい刺激になります。

また、朝も早く起きているし、食事もひと通りは食べているけれど、家族の仲が悪くて、しょっちゅう怒号や罵声が飛び交っていて、子どもの前でもけんかばかり……、これで子どものことばの発達は大丈夫でしょうか？　と質問を受けることもありますが、やはり子どもにとって、そういう生活は安定してことばが育つ環境だとはとはいえません。しょっちゅう感情をびくびくさせなければならないのですから。

脳にとっても、ことばよりも感情のほうが伝わりやすいといわれています。脳では、感情の部分で「警戒モード」が強すぎれば、それよりももっと難しい「ことば」を理解したり、しゃべるための情報を処理するところまでは、刺激が到達しないのです。ですから、夫婦げんかは子どもの前でしないこと、また、子どもに対しての感情的なことばかけも、よほどの危険やいけないことをした時などに上手に使わないと、本当に危ない時、いけない時がわからなくなってしまう、ということになりかねません。

健康的な生活がなければ、ことばの発達どころではないでしょう。十分な睡眠をとり、食事をしっかりすること、その上にことばが育っていきます。またこれは決して「ことば」だけにかぎったことではなく、知的発達全体も育てていくことになるでしょう。

なぜくらしの中で育つのか

ことばは文脈の中で学ぶもの、子どもにとって、毎日の生活が文脈といえるとお話ししました。子どもは、自分が経験したことを学び、覚えます。経験とはからだを動かし、手を使うこと、これが子どもにとって、最も印象深く学びやすいものになります。くらすということは、まさに経験を積み重ねることです。ことばについても、「いわれたことをする」という経験とともに学ぶことがいちばん印象深くなります。

とくに、発達の初期にある子どもたちや発達障害の重い子どもたちの場合は、新しいことをたくさん経験させるよりも、同じことをくり返す中で同じような経験を積み重ねて覚えていく、ということが大切です。それでも、毎日の生活は、同じようなことのくり返しですが、昨日と今日とがまったく同じ、ということはありません。生活していれば、イレギュラーなことはたくさん出てくるでしょう。障害のある子の中には、変化が極端に苦手という子もいますが、そういう場合には「こういうこともある」「～かもしれない」などのことばを教えるつもりで、変化にもすこしずつ慣らしていくようにしましょう。

また、子どもたちに教えたいことばのすべてがくらしの中で使われるわけではなく、ある程度、言語の発達が進めば、絵本を使って教えたり、カードを使って教えたりすることも有効でないわけではありません。生活で得た知識などを整理したり、新しいことばを学ぶ時に、指導や教育の中でも学ぶことはできます。けれども、絵カードや本だけだと、ことばの表面的な部分しか伝わらない、ということが出てきかねません。とくに文字が早くから読めてしまう子は、難しいセリフや言い回しをするけれども、場面としてふさわしくない時に使ってもそのおかしさに気づけないことがあります。ことばの使われる状況やそのことばの伝える「感じ」などは、生活の中でできるだけ体験させることを心がけるとよいでしょう。

【コラム】発音のこと

㈳発達協会では独立行政法人福祉医療機構の助成を受けて、２００９年度に「コミュニケーション育成事業」を行いました。そのひとつとして「発達障害のある子の言語・コミュニケーションの特徴」を明らかにするため、保護者の方たちにアンケートを実施しました。答えてくれたのは、４歳から66歳の方の家族１１４名です。

その中で、障害のある人たちとコミュニケーションをする上での困難さという問題を取り上げました。ご家族はどういうことに困難さを感じているかをお聞きしました。それらの結果を見ると、聞いているのかがわかりにくいとか、一方的にしゃべるとか、いわれたことがわからない、うまく説明できないなど、関わり方、理解力、表現力に関するものがほとんどでした。その中で発音の問題をあげた方は、わずかにひとりだけでした。

障害のある子どもたちにも発音の問題が見られることは多いものの、たいていの家族は、それには慣れてしまい、発音は大して気にせずともわかりあえるようになっているのではないかと思います。

とはいえ、小さいうちは発音がもっと良ければ伝わりやすくなるのに……、何とかならないかしら、と思われることも多いでしょう。発音の問題は、専門的には「構音訓練」といいますが、病院などで言語聴覚士が対応するか、学童期であればことばの教室の先生が対応してくれるかもしれません。ただ、構音訓練というのは子どもによっては難しいことを求められるので、訓練にはまだ早いです、といわれてしまうこともあるかもしれません。そういう場合には、先に述べた「口や舌をさまざまに動かす」（54ページ）を参考に、生活の中でできることに十分取り組んでみてください。

第3章

ことばの力を伸ばす子どもとの関わり方

13 人から学べる子どもに

ことばの獲得よりも人と関わることの困難さ

ことばは、人との関わりの中で育てていくことが基本だと考えています。もちろん、絵本や図鑑から、新しいことばや知識を吸収するのもいいでしょうし、テレビやＤＶＤなどから覚えることもあるでしょう。ただ、そればかりだと、乗り物の名前はたくさん知っているけれど身近な生活道具の名前は知らない、一方的に伝えたいことはいうけれど、相手の質問には答えないといったように、ことばやコミュニケーションの発達にアンバランスを起こす、また特性として抱えている本人のアンバランスさを助長するおそれがあります。とはいっても、ことばの力が未熟な子どもや発達につまずきがある子どもは、人と関わることに困難さを抱えている場合があります。

個人差はあるものの、ことばを話しだすのは1歳前後からといわれています。ことばを話しだしてからは、多くの場合、ことばでの関わりの比重がふえていきます。ところが、ことばの力が未熟であったり、発達につまずきがあったりすると、本人と周囲がお互いに思うような関わりを持てないことが少なくありません。「こちらの気持ちが通じた」「子どもの気持ちがわかった」瞬間を喜びつつも、お互い、意思疎通がうまくいかないことにいらいらしたり、大人はつい感情的に叱ってしまったり。「ことばを、人との関わりの中で育てていく」とはいっても、子どもとの関わり方について、いろいろ迷うことも多いかと思います。

そこでこの章では、ことばの力そのものへのアプローチからはすこし離れますが、次のような子どもと関わる時のポイントについて整理したいと思います。

●子どもの力を十分に育てるために大切なことは？
●ことばの未熟な子どもに関わる時に注意すべきことは？
●子どもが泣いた時は、どう対応すればよい？
●上手なほめ方、叱り方は？

教わり上手な子どもに

まず、子どもの力を育てる上で大切だと考えていることのひとつについて述べます。

特別支援学校中学部1年生のRさん。ご両親の引っ越しにともない、中学生になる時、転校しました。ことばの理解は二語文程度、表出は一語文程度です。わかることばの量は、決して多いとはいえませんが、プリント学習が終わると、「できました」と自分から先生に報告することができます（時々、忘れることもありますが）。

作業学習で行っているビーズでは、手元のカウンターの数字と図面にふられた数字をマッチングさせるルールを学習し、カウンターを1回押したらビーズを1個通す、という工程をくり返しがんばっています。Rさんが、転校した学校の先生から受けている評価は、「教わることが上手」です。

「教わること」＝「学ぶこと」ではありませんが、社会の中でくらすためのさまざまな力を伸ばすためには、まず、Rさんのような「教わり上手」を目指したいと考えています。Rさんはてんかんがあるため、一度、獲得した技能でも、体調によってできる時とできない時があります。お母さんは、「いつになってもまかせられるようにならなくて……」とおっしゃいます。ことばのやりとりから、お風呂での洗体、洗髪まで、幼児期からていねいに教えてきた実感だと思います。しかしRさんは、技能を身につけるために大切な、人から教わる経験を着実に積み上げてきています。だからこそ、転校した学校でも、はじめて関わる先生からの働きかけも受け入れ、さまざまなルールを吸収しているのだと考えています。

教わることは楽しい

学童保育クラブに通っているDくんは、小学校特別支援学級に通う2年生です。クラブに帰ってくると、あっちをふらふら、こっちをふらふら。絵本を読んでいる女の子に足でちょっかいを出して怒られ、水道の蛇口で水遊びをして先生に注意され、おやつの前に遊んだブロックを片づけず、またまた注意されたところでひっくり返り、大声を出してしまいました。

Dくん、その場で起きていることが話題であれば、ことばでのやりとりがおおむねできるものの、カードゲームなどのルールや勝ち負けは、まだ理解できない部分があります。また手先も不器用、ぽっちゃり体型であまり体力もありません。しかし、好奇心は人一倍旺盛《おうせい》です。お友だちと遊ぶのも大好き。ただ、遊びのルールがわからなかったり、やろうと思ってもうまくできなかったりで、クラブでは時間を持て余しているようでした。

そこである日、先生のほうからけん玉に誘ってみました。最初は「いやいや」といって逃げ回っていましたが、先生が見本を見せ、手を添えて練習をはじめるとまんざらでもない様子。先生が、「〝びゅんびゅん〟ではなく〝そっと〟だよ」と伝えたところ、大皿に玉を乗せることができました。「できたー。僕、けん玉できたよー」と、それはそれはいい顔で喜んでいたそうです。

教わった経験が少ない子ども

面倒は見てもらっているけれど、大人から教わった経験の少ない子どもは、大人のことを「自分のお世話をしてくれる人」「自分のことを怒る人」と思っていることが多いように感じます。これでは、うまく教わることができません。ことばの力が未熟な子どもや発達につまずきがある子どもと関わっていると、教わった経験が少ないなと感じることがあります。それには、いくつか理由があるようです。

①本人がいやがる

「洋服たたみなど、教えようと思うんだけど、子どもがいやがるんです」といった話を、保護者の方から聞くことがあります。ことばの力が未熟な場合、「洋服たたみ」といわれても、何をするのかイメージを持ちにくいことがあります。何をやるのかわからず、「いや」という反応をしてしまうのかもしれません。

②本人が関心を示さない

幼児はお母さんのお手伝いが大好き。また「自分でするの！」と、ボタンとめや靴はきなど、自分でやりたがって大人を困らせることもあるでしょう。子どもは、大人、とくに大好きなお母さんやお父さんのことをよく見ています。見ているからこそ何をしているのかがわかり、わかるからこそ自分でもやってみたいという気持ちがわいてくるのでしょう。しかし、ことばの力が未熟な子ども、発達につまずきがある子どもの場合、その特性から周囲から情報をとるのが苦手で、その結果、あまり関心を示さないという子どもがいます。本人が関心を示さないと、大人のほうからのアプローチが減り、おのずとお手伝いや身のまわりのことを教わり、自分でする経験が減ってしまうことが考えられます。

③守られてはいても、期待されていない

ことばの力が未熟、発達につまずきがある子ども＝「わからない、できない子ども」ではないと思っています。「わからない、できない子ども」と思われ、周囲から守られている状態は、悪気はなくても、子どもの視点から見れば大人から期待されていない状態といえるのではないでしょうか。かわいがられ、大切にされていても、守られている状態ばかりが続くと、教わる機会が減ってしまいます。

④教えているつもりでも、子どもに伝わっていない

大人は一所懸命、子どもに教えているつもりでも、子どもに伝わっていないことがあります。たとえば、二語文で話している子どもに、ごく一般的な話し方で伝えているケース。１

章で述べた通り、子どもの理解力に合わせた話し方が大切です。

着替えなど、子どもに「やってごらん」といいつつ、大人が全部やってしまっているケース。大人は待つことが必要な時もあります。

わかりやすい方法で大人が伝えていても、子どもがまったく聞いていないケース。子ども自身に、相手の話を聞くよううながすことも大切です。

積極的に働きかけよう

ことばの力が未熟な子ども、発達につまずきがある子どもに関わる時は、大人から積極的に働きかける姿勢が大切だと考えています。とはいっても、やりたがらない子どもに、無理強いをさせようといっているのではありません。

ことばの力の未熟さやその発達の特性から、見通しの持ちにくい、状況を理解しにくい子どもがいることはお話ししました。しかし彼らは、実際に教えてもらったり、大人といっしょに経験したりすることで、関心を広げたり、自信を持ったりすることが多々あります。だからこそ、子どもが求めてこなくても、はじめは少々いやがっても、大人が積極的に働きかけることが大切になります。また、大人が積極的に働きかけることは、子どもをほめる機会を生むことにもつながります。

14 子どもの年齢と関わり方

わがままはいくつまで受け入れられるか

前節では、「教わり上手な子どもに育てよう」、そのためには「大人から積極的に働きかけよう」とお話ししました。ここでは、実際に関わる時に配慮したい点について述べます。

ある児童館の館長さんとお話ししていた時のことです。

「児童館に遊びにくるCくんは、小学校3年生だけど、精神年齢は3歳くらいだと聞きました。だからついつい、抱っこしたり、わがままいっても仕方ないかなあって許してしまうんですよね」とおっしゃっていました。

館長さんのお気持ちはもっともだと思います。Cくんは、いたずら好きだけど人なつっこく、児童館に遊びにくるほかの子どもたちからも受け入れられていました。ただ、このまま大きくなったら、Cくんはどうなるでしょうか。からだも大きくなり、ひげも生えてきたCくんのわがままを、誰が受け入れてくれるでしょうか。

精神年齢と関わり方

精神年齢とは、その人の知的な能力を示すものです。IQ（知能指数）と同じく、知能検査の結果を表わす方法のひとつです。知能検査の結果を表わす方法と述べたのは、精神年齢が、その人の知的な能力、すべてを表わしているのではないからです。

では、精神年齢や知能検査でわかることがまったく無駄かというと、そうとは思いません。精神年齢をはじめとする知能検査の結果は、その子どもとの関わり方を考える時のヒントになるからです。

たとえば、知能検査の中には、絵カードを示して物の名前を聞いたり、動作語を用いた説明を求めたり、大小や長短の理解を確認したりといった質問があります。この結果を見ることで、本人が理解している品詞をおおよそつかむことができます。事物の名称を理解している段階、一語文程度の子どもであれば、「手はおひざで待ってて」というより、「手、ピタ」と大人の見本とともに伝えたほうが、子どもにわかりやすいはずです。

また、日ごろの関わりの中から、文字から意味を理解できるのか（たとえば、「はし」の文字を見て、箸を選べるのか）、線画から理解できるのか、写真から理解できるのか、実物同士のマッチングはできるのかなどを把握しておくと、本人に伝えるべきことを、的確な手段で伝えることができます。また希望を聞くなど、本人からの表出をうながす時も、話しことばだけでなく、文字や写真が手がかりになるのかを知っておくと、やりとりがスムーズになると思います。

生活年齢を意識した関わりを

このように、精神年齢は子どもとコミュニケーションをとる時のヒントにはしますが、求めるふるまい、行動は生活年齢を意識したいです。生活年齢とは、精神年齢に対する用語で、実際の年齢を表わします。

私たちがくらす社会には、それぞれの年代に求められる行動、ふるまいというものがあります。たとえば、好きなおやつが出なくて、幼児がぐずってもおかしくないでしょうが、これが小学生だったらどうでしょうか。学校に通っているうちは、あいさつができなくても許されるかもしれませんが、社会人になったらどうでしょうか。

発達障害のある成人の方が働く作業所に勤務したあと、学童保育クラブの方から、「作業所で働いていたころは〈あいさつくらい、子どものうちに練習してきてほしいな〉

と思っていたけれど、いざ学童保育クラブで発達障害がある子どもと関わっていると、子どもがあいさつできなくても、まあ仕方ないか……、と許してしまっている自分がいる」というお話を聞いたことがあります。保護者以外で、幼児期から成人期にわたって関わっている方は、そう多くないと思います。子どもの時期だけ関わっていると、少々のことは目をつむっても何とかなるかもしれません。しかし、社会人につながる高校生期、高校生期につながる中学生期、中学生期につながる小学生期、小学生期につながる幼児期です。各年代に求められるふるまいを、その時期、その時期に求めることが、最終的には本人のためになるのではと考えます。社会で求められる年齢相応のふるまいを教えることは、社会にくらす先輩である大人の役割です。

関わるには技能も大切

人と関わりたいという気持ちは、どの子どもも同じです。赤ちゃんの関わりはスキンシップが中心でしょうが、年齢が上がるにつれて、ことばのやりとりや遊び、趣味を通して関わりを深めます。ことばの力が未熟な子どもの場合は、ことばでやりとりする力を育てるだけでなく、さまざまなからだの動かし方や指先のコントロール力を高めておくと、ボールやボードゲームなど、遊びを通した年齢相応の関わりに役立てることができます。

15 子どもが泣いた時、どう対応するか

子どもは何が原因で泣くか

子どもが泣くと、誰でも心配なものです。何で泣いているのかを自分で表現できない子どもの場合、とくに気になります。子どもが泣く原因は何でしょうか。体調？　見通しを持てない不安？　感覚的な不快さ？　思い通りにならないから？　もちろん、悲しかったりくやしかったり、情緒的に涙が出る場合もあるでしょう。

原因や子どもの特性をふまえた、きめ細かな対応が求められると思いますが、前項でお話しした通り、ここでも生活年齢に合わせた対応が基本になると思います。

年齢に合わせた対応

赤ちゃんが泣いていても、止めようとする人はいないと思います。おっぱいがほしいのか？　おむつが濡れているのか？　体調は悪くないか？　気分転換がしたいのかなどを見きわめ、対応するのが一般的でしょう。ところが、これが小学生だったらどうでしょうか。おなかがすいて不機嫌になるのはわかりますが、床にひっくり返って泣いていたらどうでしょう。周囲から徐々に相手にされなくなってしまうのではないかと思います。

ことばの力が未熟な子ども、発達につまずきがある子どもの中には、主張の仕方や感情のコントロール力が幼い子どももがいます。ですから、彼らの気持ちは受けとめつつも、社会に受け入れられるような年齢相応の主張の仕方や、感情のコントロールの力を身につけてもらう必要があります。

後述しますが、泣いている時の具体的な対応はさまざまです。ただ本人が興奮をおさめられなく、本人も周囲も困惑するケースもあるかと思います。興奮しているうちは、こちらの話は伝わらないでしょうから、まずは落ち着いてもらうことを目指します。この時、注意したいのは、「大人は彼らの泣き、騒ぎを止めるのを手伝う」というスタンスをとることです。つまり、子どもが興奮している時ほど大人は大声を出さず、「大丈夫。静かにできるよ」というスタンスで関わります。４章でご紹介する「ガリバー」などで、気持ちのおさめ方のパターンをつくるのも、ひとつの方法だと思います。

原因をふまえた配慮

①体調不良が想定される場合

子どもが泣いている場合、まずは、体調不良の原因になるようなことはなかったかを確認しましょう。けがをしているところはないでしょうか？　疲れはたまっていないでしょうか？　子どもは生活リズムが整っていることも大切です。食事はバランスよく、決められた時間にとれているでしょうか？　排泄の調子はどうでしょうか？　便秘は子どもでも不快なものです。また睡眠はどうでしょうか？　てんかんのある子どもの中には、夜中に軽い発作を起こしていることが原因でよい睡眠がとれず、日中、気分のコントロールがうまくできないこともあります。原因が特定できるのであれば、原因を解決する対応をします。

ただし、体調不良が原因で泣いているにしても、年齢相応のふるまいは意識したいところです。

②見通しを持てなくて不安と思われる場合

見通しを持てない場合は、本人にわかる伝え方で、見通しを持てるよう働きかけます。事前に伝える、見本を示す、写真など視覚的な手立てを併用するといったことも、手立てになると思います。

見通しを伝えた上で、子どもが不安に思っていることをスモールステップに区切って参加してもらいましょう。たとえば、エアータオルで手を乾かすのが不安で泣いている場合は、まずは大人がする見本を見ていればOK、そして徐々に、大人といっしょに3数える間だけ、大人といっしょに10数える間だけ、自分で3数える間だけ……というように、ステップアップを目指します。泣いてはいても、まずは短い時間から経験を重ねる中で、徐々に状況を理解し、不安を解消してくれると考えます。

③思い通りにならなくて泣いている場合

幼稚園の年長になったCくん。療育の場でイス取りゲームに取り組んでいます。年中のころは、マイペースが強かったこともありますが、ルールも理解できなかったことからゲームに参加しようとしませんでした。参加をうながすと泣いていましたが、このままではいつになれば参加できるようになるかわかりません。大人が見本を見せたあと、手を添えられて参加することで、徐々に泣かずに楽しめるようになりました。

年長になるころには、勝っているうちは楽しく参加できるものの、負けるとくやしがって大泣きをするようになりました。勝ち負けを意識するようになったのは立派なことですが、負けるたびに大泣きをしていたのでは、みんなと楽しむことはできません。そこで、泣いてしまったらゲームに参加できないというルールにしました。

負けて大泣きになり、見学席へ移動するCくん。はじめはびっくりして、さらに大泣きでしたが、「10だけ、口を閉じられたらゲームできるよ」と伝えると、徐々に気持ちを切り替えられるようになっていきました。その後は、毎週、くり返すうちに、負けてもぐっとこらえる姿を見せるようになりました。

自分の思いを泣いて通そうとする場合、「泣いたら思い通りになる」と子どもが誤解しないよう、注意できたらと思います。

④感覚的にいやで泣いている場合

感覚が過敏な子どもの中には、たとえば歯みがきがつらくて、泣いてしまう子どもがいます。とくに奥歯の側面は、いやがる子どもをよく見かけます。泣いてしなくていいものであれば、やらないというのも選択肢のひとつになるのかもしれませんが、歯みがきはそうもいきません。長そでがいや、えりのある服がいやといったケースも同様です。半そで、えりなしの服だけで生涯過ごすことは無理でしょう。

本人に見通しを伝えつつ、歯みがきであれば、まずは指でこするなど弱い刺激から経験を重ねることで、受け入れられる感覚の種類や幅を広げられたらと思います。

16 どうほめる？ どう叱る？

子どもにわかりやすい伝え方を考える

ほめるにしても、叱るにしても、大人の評価を伝えるという視点で見れば等価です。つまり、「いかにして子どもに伝えるのか？ 伝えたいことが、子どもに伝わっているのか？」という視点で考えることが大切だと思います。

①子どもの注意をひきつける

大人は伝えたつもりでも、子どもが聞いていなければ、伝わったことにはなりません。子どもに伝える時は、まずは、こちらのほうを見ているか、確認することからはじめます。「〇〇くん、聞いてね」などと名前を呼び、呼んでもよそ見をしていたり、からだがふらふらしているようだったら、手を添えて止めます。そして、こちらの話が終わるまで注意が持続しているかを確認します。

②評価を伝える

自分で評価をできないうちは、大人が、いい・悪い、マル・バツといった判断を伝えます。わかりやすいのはマル・バツといった二分法の評価ですが、子どもの理解力に合わせて、その理由などをより具体的に伝えていきます。理由がわかってくるようになると、「見本よりすこし太かった、おしい」「目標タイムより30秒も速かった。すごい」など、単純な合否にしばられにくくなり、また自分で次の目標を設定することにもつながります。

評価を伝える時は、子どもにわかりやすい表現を心がけます。まだことばを話さなかったり、注意がそれやすい子どもの場合は、大きな身ぶりやはっきりとした表情とともに伝えられるといいと思います。また文字や記号など、視覚的な材料のほうがわかりやすい子どももいます。

③短く区切って、その場で評価

ことばが未熟であったり、発達につまずきがある子どもは、過去を振り返るのが苦手なことが少なくありません。つまり、あとからほめたり、叱ったりしても、何をほめられたのか、何を叱られたのかが、わかりにくいことがあります。たとえば、「食事の時、お茶碗を持つ」

という約束をしたのであれば、食事中、お茶碗を持っているその場でどんどん、ほめていきます。筆者が関わる療育の場では作業で調理学習をしていますが、目標とすることは、レシピのその工程のそばに記入し（たとえば、「キャベツは細く切る」が目標だったら、「キャベツを千切りにする」と書かれたレシピ上の表記のすぐ下に、目標を書きます）、その場で評価をします。料理が完成したあとに評価をするより、わかりやすいからです。

④伝わったかどうかを確認をする

子どもに評価を伝えたら、伝わったかどうかを確認します。ことばのやりとりが可能であれば、「いま、お母さん、何て言った？」と聞いてみてもいいでしょうし、まだことばのやりとりが難しければ、模倣でマルなどのサインをうながしてもいいでしょう。模倣をするということは、相手を見ることにつながります。また子どもをほめる際、ハイタッチをすることがありますが、これも子どもの注意を大人に向けさせることで、評価を適切に伝えることができるからです。大人は一所懸命に拍手をしたり、頭をなでているのに、子どもは関係ない方向を向いている……なんてこともあります。上手にできたらシールを貼る、というやりとりも、子ども自身が評価の場に参加することで、マルを本人に意識づけするひとつの方法だと思います。

何を伝えたいのか

子どもに伝えたいことがあり、それを達成できたからほめ、未達成、または反することをしたから、大人は叱るのだと思います。

「だめ」と叱られて、してはいけないことをガマンするのは大切なことですが、「何かをしない」というのは、「何かをする」ことより、子どもにとってはわかりにくいものです。

ある学童クラブでのことです。

小学校5年生になるNくんは、特別支援学級に通っています。おやつの時間、足をぶらぶらさせて、前に座っている友だちにちょっかいを出すことが続いていました。当然、前の友だちからは「やめてよー」といわれます。先生方からもいろいろ注意を受けていますが、Nくんはかまってもらっていると勘違いしているようで、なかなかやめることができません。

そこで、足元にマットを置き、マットの上に足裏をつけ続けることができたらマル、と伝えました。はじめは、足がふらふらしないようにそばについて動きを止め、「足、ピタだね。マル」といいました。ふざけるような行動は無視（する振り）をして、足をマットにつけることに絞って関わります。本人にルールが伝わってきたら徐々にそばから離れましたが、その日はなるべく細かく「足、ピタできてるね。マル」とくり返し伝え、定着するよう働きかけました。

足をマットにつけておくことにより、結果的に足をふらふらさせることはできません。してはいけないことと相反する動作を伝えることで、結果的に叱られるような行動を防ぎ、ほめることができます。

また前項のＣくん（86ページ）。イス取りゲームで負けてしまうと、泣いてしまう男の子です。彼の場合も、「泣くと参加できない」ということより、「泣かなければ参加できる」ということに注目してもらいたいのです。ですから療育の場では、泣いてゲームから外れてしまったとしても、できるかぎりその場で泣くのをガマンし、ゲームに再び戻っておわりにするよう働きかけました。こうすることで、「泣かなければ参加できる」という経験を印象づけることができます。

叱ることが、単なる罰、ペナルティにならないように注意したいものです。叱ることで罰を与えるのではなく、「どうすればよかったのか」「どうすればほめられるのか」をしっかりと伝えることをポイントにしたいと思います。

第4章

人とのやりとりを うながす場面づくり

17 人とやりとりする経験を積む

ことばでの働きかけに注意を向けない子

本棚から次々に本を出してはペラペラとページをめくるKくん。お母さんは、遊びにつきあおうと近くにいますが、Kくんは、ページの動きに没頭。やおら本棚によじ登ろうとします。お母さんが「やめなさい」といっても振り返りません。手を引いて止めようとすると、「ひー」と大きな声を出すのでお母さんはあきらめ気味です。

話しことばや身ぶりなどがまだ伝わりにくい子どもたち。関わりの手立てに悩みます。大人は子どもからの発信を受けとめようとしますが、子どもの側は気ままです。大人が関わると無視したり、とりあえず泣くという子もいます。

やりとりする中で学んでほしいことはたくさんあります。大人の関わりを受けとめてそこから学ぶ方法をつかんでもらいたいです。

からだを使ったやりとりから

でも、働きかけに注意を向けない子にはどう対応すればよいのでしょう。「見ない」「聞かない」様子にはばまれた時、からだを「動かす」ことを通じて働きかけることができます。そこを糸口にして相手への意識をはぐくんでいきます。ほめられ、認められるうれしさを知り、動きをまねて新しいやり方を吸収し、大人が指し示す事柄の意味を知ることへつなげていきます。

過敏の軽減

伝え合う手立ての少ない子どもたちに対して、「からだにふれて動かす」関わりを使います。ただ、感覚に過敏さを持つ子たちは、ふれようとすると手を引っ込めたり、からだをよけたり、手伝って教えようとしても避けてしまうので、まず過敏の軽減を図ります。

私たちもそうですが、指先でそっと首筋などさわられるとぞっとします。触覚の場合、「そっと」さわるのは「強い」刺激になり、過敏のある子には高いハードルです。ある程度「圧」をかけるつもりで、指先の「点」ではなく指の腹や手のひらなど「面」でふれるように心がけます。

軽減に対しては、個人差が大きく、同じ部位をさわっても効果がない子もいれば、全身の過敏がゆるむ場合もあります。子どもの不安や体調によっても異なるので手探りをしながらの関わりです。たとえば、

◎耳のうしろの頭蓋骨のふちを圧すると気持ちよく、催促する子もいます。
◎背骨の横の筋肉を揺らすようにたたきます。緊張で硬い子が多いです。
◎手のひらや甲を握るようにもみます。指の股をこすったあと、爪の脇を圧してやります。顔をゆがめるので、いやなのかと思うと目つきがやさしくなる子がいます。
◎足の介助を振り払おうとするその足裏をたたいてやると途端に力を抜いてゆったり。

など。

ふれられることに警戒感を持つ子が多いので、深追いはしません。でも、しつこく圧するタッチングを続けていくと、緊張が減って動きを手伝いやすくなります。

「おいで」に応じる「引き起こし」

子どもをあおむけにして、立てたひざを押さえながら手を引き、「おいで」と起きることをうながします（図1）。「おいで」のうながしに「はーい」というように応じて起きれば、

背中をよしよしとさすります。すかさず、「そうだね。いいよ」とほめてやりとり成立。

ポイントは、「大人のペースに応じる」ことです。起きたり寝たりするのも大人のタイミングに合わせてもらいます。なので、すぐ寝ようとしたら、「待ち」を入れます。

手を引くとからだを突っ張って「起きない」とがんばる子がいます。がんばりの向きが違うのですね。つないだ手を本人のひざに置き「中間姿勢」を保ちながら、「逆のがんばり」がゆるむのを待ちます（図２）。起き上がったほうが楽なので、あきらめてゆらゆら起きてきます。そこをぐいと引き寄せて、「それでいいんだよ！」とがんばりの向きを教えていきます。

起き上がるのが本当に大変という力の入れ方がわからない子もいます。その場合は、壁に斜めによりかかるようにして（図３）、「引き」にすぐ合わせられるようにし

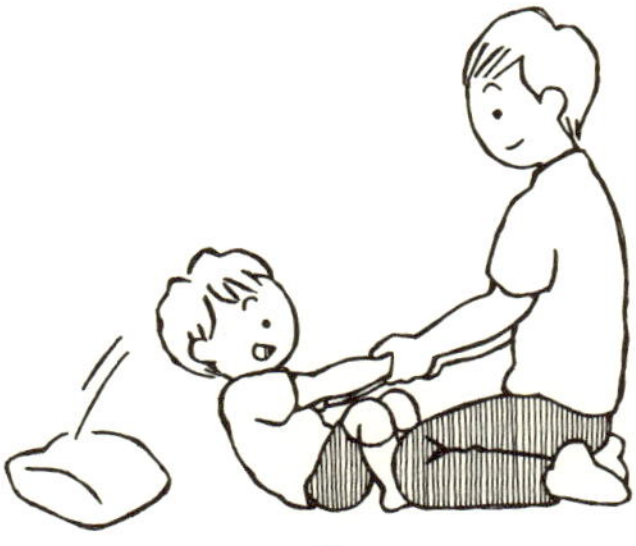

引き起こし

図１

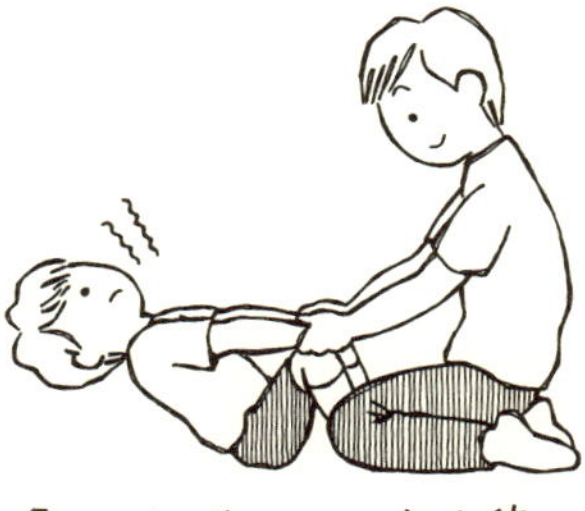

「逆のがんばり」がゆるむのを待つ

図２

ます。力の入れ方自体がわかるとうまくできてうれしくなります。

ひざを押さえられるのがいやだという子もいます。毛布などに足を伸ばして入れさせ、じかには脚にふれないで毛布を押さえる形で行うと応じやすくなります。

はじめとおわりを教える「オットセイ」

子どもをうつ伏せにして「はじめ！」で上体を腕で押し上げさせます。10数えて「お休み」とまた伏せさせます（図4）。「区切りまできちんとやれば終わる」という見通しルールを体得してもらいます。模倣でやれない場合、実際の動きをつくって伝えます。

「はじめ！」で肩口をつついてからだを起こすようにうながします。子どもがお尻を上げたり、腕を縮めたり、頭を下げたりすると姿勢の変化がわかりにくいです。大人は、うしろから子どものからだをまたぎつつ、ひざ立

オットセイ

図4

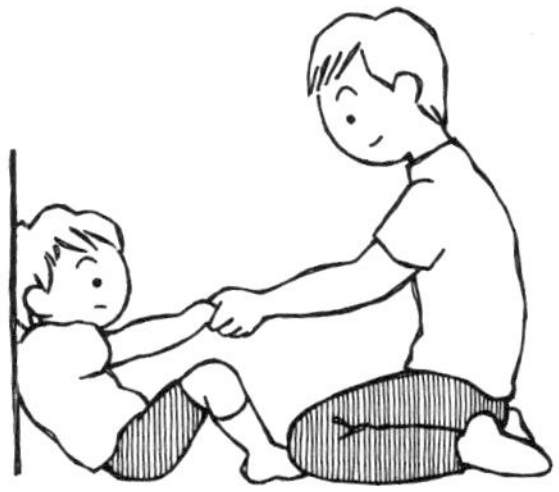

力の弱い子の場合

図3

ちでかがみこみます。体重をかけずに、子どもの脇をひざではさんでお尻が上がらないように、からだがうしろにずれないようにブロックします。大人は、脇をしめて子どもの肩口を支えつつ片手で子どもの手を押さえ、もう片手であごを支えてやります。何をすればいいのか、伝わった部分から支えをはずしていきます。

「いいよ、そうだよ」といいながら、カウントの長さを調節して「お休み！」にたどりつくまで、持続してがんばってもらいます。腕の支えが弱い子も多いので、「おわり」の「ゴール」がほどよく待ち遠しくなる運動です。

目標を伝える「かたつむり」

あおむけに寝たら、足を上げてぐいと頭の上まで持っていき床につける姿勢です。ヨガでいう「鋤《すき》のポーズ」ですが、子どもたちには、くるりと巻いた「かたつむり」と名づけています（図５）。あおむけや押さえられるのが苦手という子には、過敏をおさえる働きかけを先行します。

　スタートは、足を大人が出した手の所まで上げることからです（図６）。脚を持ちあげたら、片足は押さえて持ち、もう片方も「ここまでおいで」と示した手に届かせるようにうながします。大人の手にドッキングできるように子どもは足の操作にがんばります。届いたら、反対の足を放して再びドッキングに挑戦です。片方ずつが上達したら、両足一度に「目標」を目指してがんばってもらいます。

「目標に向かう」という意味がわかると子どもたちは力を発揮しやすくなります。

やりとりをうながす「ボール投受」

会話を「ことばのキャッチボール」といいますが、キャッチボール自体も相手とのやりとりになっています。渡されたボールをつかむことから、転がってくるボールに気づく、手元に飛んできたら取れるというようにステップアップします。

落としてしまったら「残念!」、取れたら「やったー」と表情豊かに反応すると、呼びかける相手に注意を向けてきます。

「Aくん。行くよ!」という呼びかけで構えをとる姿

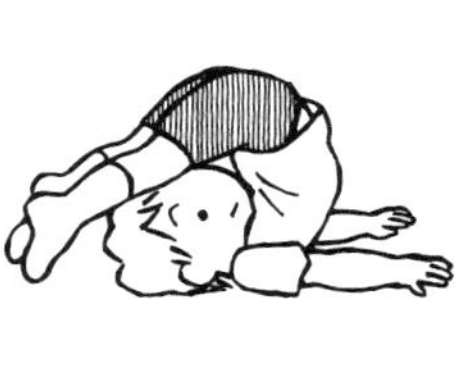

図5

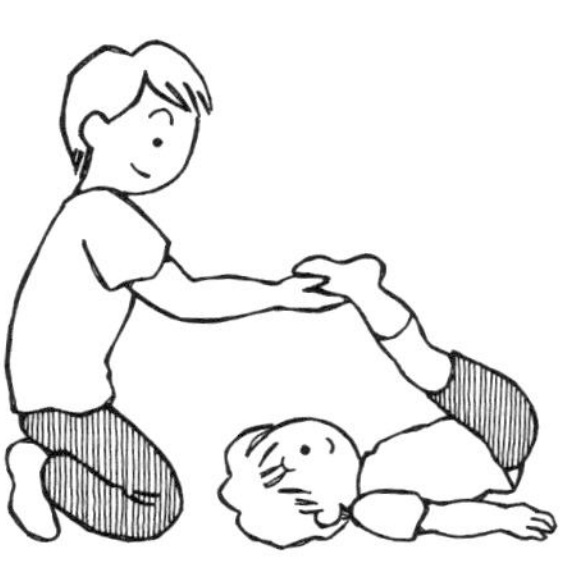

図6

は、話しかけに耳を傾ける様子と似ています。「はい投げて」とうながしていたのが、自分から「いくよ」と合図して投げてくれれば、相手に気持ちを向ける「やりとり」としてのキャッチボールが楽しめます。

18「いっしょに」歩くことを学ぶ

いっしょに歩く

もうすぐ3歳になるBくん。ことばを話しはじめない、お友だちと関わろうとしないとのことで、保育園の先生から相談を受けました。遊んでいる様子を見せてもらうと、部屋の中をうろうろと歩き回り、気が向くとおもちゃを手にとって遊ぶものの、ほかの子が遊んでいる様子には関心を示しません。話しかけても知らんぷりで、まるで障害物のようによけて行ってしまいます。お散歩でも、気の向くままに走って行ってしまったり、突然座りこんでしまったり。先生は、危なくないようにうしろを追いかけ回しへとへとになっていました。

「お友だちと関われるようにするにはどうしたらいいか?」という相談だったのですが、その前に、相手を意識して合わせる力をつけることが大切と話し、まずは大人と手をつないでいっしょに歩く練習を提案しました。

歩くことと、人と関わることは、あまり関連がないと感じるかもしれません。しかし、いっしょに歩くためには、相手を意識し、相手の様子をよく見て、相手の動きに合わせることが必要です。気ままに歩きたい気持ちもコントロールしなくてはなりません。歩くことをはじめとして、「いっしょに」することは、人との関わりの基礎を学ばせてくれます。そして、「いっしょは楽しい」「いっしょに何かをしたい」という気持ちが持てるようになると、人と関わる手段であることばの力も育っていきます。

「いっしょに」をいやがる子への取り組み方

さて、前述のＢくんです。４か月後、久しぶりに会ったＢくんは見違えるほど成長した姿を見せてくれました。先生と手をつなぎ、お散歩の列に並んでいっしょに散歩できるようになり、その表情は楽しそうです。話しかけるとうれしそうに抱きついてくるようにもなりました。ほかの子とは関わりはしないものの、ときおり様子をじっと見ています。

ただし、ここまでくるには決して楽な道のりではなかったとのこと。はじめのころは、走りだすのを止めると怒ってひっくり返り、泣きながらのお散歩だったそうです。

大人の側の意気込みがいちばん大切ですが、抵抗をくり返されるとやる気もなえてしまうもの。段階を踏んだ取り組み方、抵抗への対策を考えてみましょう。

①歩くのをいやがる子

いっしょに歩く以前に、歩くこと自体をいやがる子。これまで「疲れたら抱っこ」が当たり前だったり、「車移動」が中心だった子は、気分が乗らないと「イヤー！」と拒否することでしょう。

まずは短い距離からスタートします。ただし、体力的には十分歩ける短い距離だとしても、子どもにとってはゴールが見えないために抵抗してしまう場合もあります。「次の電柱まで行こう」「10数えるまで歩こう」と短い目標を立て、そこまではがんばって歩かせてしまいましょう。目標に着いたら、「えらいねー」とほめちぎりひと休み。これをくり返すうちに、ゴールがわかってがんばれるようになったり、いつしか「イヤイヤ」から切り替わって乗ってきたりします。最終ゴールは、子どもの好きな公園やお店などにすると、がんばり甲斐もありますね。

また、歌を歌ってあげたり、「お花だね」「ワンワンいるね」と話しかけるなど、「歩くのイヤ！」から気持ちをそらしてあげる作戦が有効な子もいます。この時期は、多少の寄り道は「歩くはげみ」と考えましょう。

②座りこむ子

目標を短くしても、座りこんで抵抗する場合もあります。つい「抱っこ」に逆戻りしたくなるでしょうが、ここで抱っこしてしまうと、「座りこめば抱っこしてもらえる」と、間違って学んでしまいます。体調が悪いなどの原因がないようならば、がんばって歩いてもらいましょう。

座りこみ対策には、「座りこませないこと」が最良です。手をつなぐ際に、子どものひじが肩よりうしろにくる形（図1）を保つと、しゃがみこみにくくなります。また、しゃがみこもうとした瞬間に、ひじをうしろに引くように引き上げてやると、寸前で止めることがで

図１

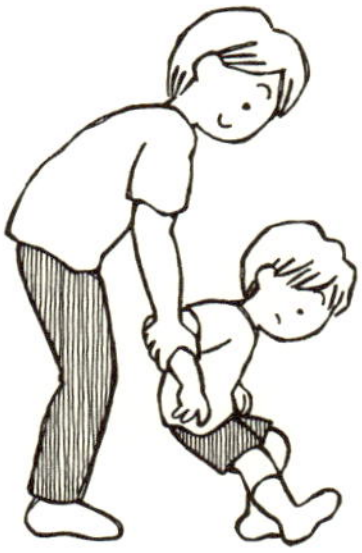
図２

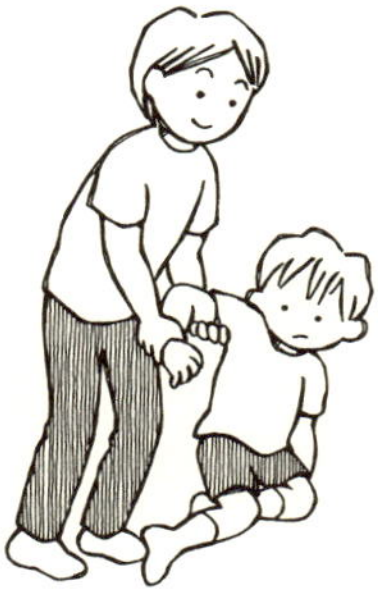
図３

きます。

座りこまれてしまった場合は、大人もいったん深呼吸。カッカして叱ると、余計にかたくなになる子が多いからです。落ち着いた声で「立って」といい、手を軽く引き上げで誘導しましょう。それで立たない場合は、すこしテクニックを使って立たせます。大人がうしろに回り、曲げたひじを大人のからだに沿って引き上げる（図2）と立ちやすくなります。もしくは、片手首を持ちながらひじのほうを高くしていく方法（図3）もあります。立ったら一言、「よし、歩こう！」と気分を切り替えましょう。

③いっしょに歩く

歩くこと自体への抵抗がなくなってきたら、ペースを合わせていっしょに歩く練習です。はじめは大人と手をつないで、一定のペースで歩くようにします。自分の気の向くままに歩きたい子は、まず手を振りほどこうとするでしょう。振りほどかれないように、人差し指を握らせ、大人の中指と薬指は子どもの手のひら側に、親指と小指は手の甲側に回しておきます（図4）。こうすると、小指がストッパーになって振りほどきにくくなります。普段はいつもの力加減でつなぎ、振りほどこうとしたらギュッと握って止め、子どもの顔を見て「いっしょ！」といいます。もちろん、振りほどかずにいっしょに歩けている時も、「いっしょだね」と話しかけてあげましょう。

手をつないでいっしょに歩けるようになったら、安全な場所で手を離していっしょに歩く練習です。子どもから相手に意識を向けて合わせることがポイントです。広い場所や幅の広い道だと離れてしまいやすいので、はじめは狭い廊下や階段、ガードレールのある歩道などが合わせやすいでしょう。また、離れてから注意するのではなく、離れそうになったところで、「いっしょだよ！」と肩口をつついたりして、気づかせていきます。

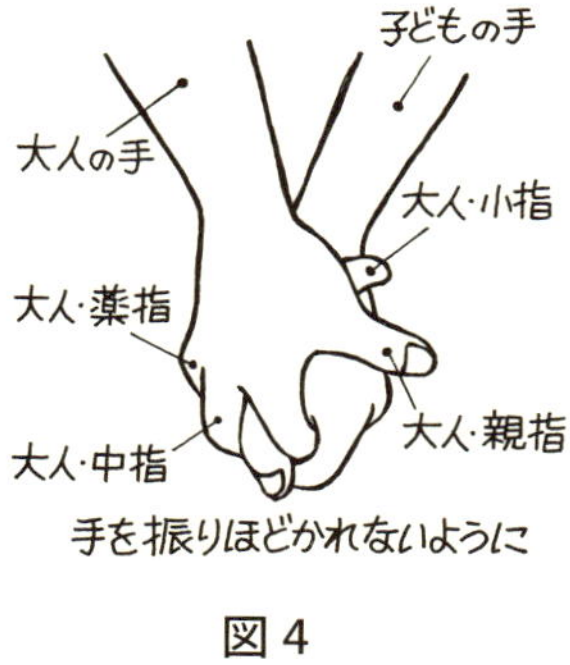

図４

④泣き騒ぐ子

自分で気ままに歩けない、とわかったとたん泣き騒ぐ子は多いです。外で泣き騒がれると、つい子どものいうことを聞いてしまいたくなりますが、ここであきらめると「泣き騒げば思い通りになる」と覚えてしまいますね。実際に、手を離して自由になると、子どもはケロッとしてしまいます。悲しくて泣いているのではなく、「泣く＝要求の手段」に使っているのです。周囲の目は気になるでしょうが、「いっしょだよ」「がんばろう」と、子どもと自分をはげましつつ、ゴールを目指しましょう。

19 「待つ」ことを学ぶ

先を見通すことや、観察の力につながる

「ほんのすこしでも待てるようになってくれたら楽になるのに」とは、あるお母さんのことばです。確かに、待てない子を育てるのは、ひと時も目を離せずとても大変でしょう。

こうした大人の事情もありますが、待てるようになることは子どもの発達においても重要な意味を持ちます。「あとで」で待てるのは、「すこしたったら、○○ができる」と、すこし先の未来のことを見通せるからです。また、待てるようになった子は、待っている間、何も考えていないわけではありません。「まだかなー？」と周りの様子を見たり、大人の話を聞いていたり、先にやっている子の様子をじっと見たりと、観察学習をしています。先を見通す力や観察学習の力を育てるためにも、「待つこと」を教えたいものです。

①からだの動きを止められない子

待てない原因のひとつに、からだの動きを自分で止められない場合があります。こうした場合は、運動トレーニングの中で、じっとすることを教えていくのが有効です。私たちの指導室では、机の上に手を乗せて動かさないようにする「熊の手」（図１）や、あおむけに寝てじっとしている「ガリバー」（図２）などを行っています。動きを止めることが伝わりにくい場合には、手や足の上にお手玉や消しゴムを置いて落とさないようにさせると、じっとしていることがわかりやすいようです。いずれも「10数えるまで」など目安を伝えていきます。あおむけのガリバーができるようになったら、「正座ガリバー」「イスガリバー」「きをつけ」と進めていきます。これも、手や頭の上にお手玉を置くと、動かないように意識しやすいです。「ガリバーするよ」といわれ、お手玉がなくても10カウントじっとしているルールがわかると、生活の中でもかなり応用できます。

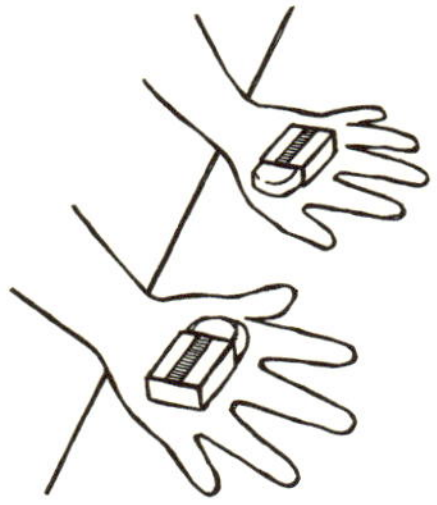

図１

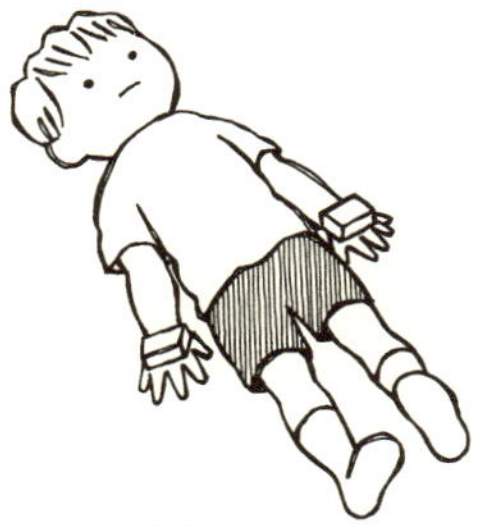

図２

②「いただきます」まで待つ

生活の中では、みんなでいっしょに「いただきます」のあいさつをするまで食べはじめないことを教えていきましょう。テーブルに座らせたら、すこしの間待たせるようにします。食べ物に手を出さないよう横で見守りながら、「10まで待ってね。手はおひざだよ」といって数えます。食べ物に手を出そうとしたり席を立とうとしたら、即座に止め、「待っててね」といって手をひざに戻しましょう。やってしまったあとで叱っても、ピンときません。寸前で止め、待てた実績を積んでいきましょう。

10まで待てるようになったら、今度は数えずに、「お父さんがきたら食べようね。それまで待っててね」「ごはんをよそうまで待っててね」で待てることを目指します。その際、「お父さん、くるかなー？」と見るよううながしたり、「今、ごはんよそってるよ。もうちょっとだよー」と見せたりして、周りの様子を見ることを教えていきましょう。

保育園など大人数で食べる時はちゃんと待っていられるのに、家庭では待っていられないという子は、けっこう多いようです。きっと、保育園ではみんなが待っている雰囲気を察しているのでしょう。家庭でもできるだけ家族がそろって「いただきます」をする環境をつくっていくことも大切だと思います。

20 模倣する力を育てる

相手から学ぶ力

手遊びの時間、Uくんは座っていますが、視線は先生のほうを向いていません。うしろから手を動かされるままで自分からは動かしていないようです。「はい立ちます」とサインや先生が立って見せても反応しないので、手を引いてうながされますが、「何するの！」という感じで怒りだすことがあります。

見本を見て何をするか心づもりしてもらえると、教える側も教わる側も安心です。ところが見本を見ない、見ても動かない「まねられない」苦労をする子たちがいます。「模倣ルール」を獲得して、学びやすさのステップを一歩進めてもらいたいものです。

相手を見る

人の動きを見ると脳の中でそれをなぞるように働く「ミラーニューロン」があるといわれています。「ミラーニューロン」が模倣やことば、共感の基盤につながるという説が語られています。そこを刺激するためにも、まずは相手を確実に見ることをうながします。

「子どもたちが見たいもの」は何でしょう。チョコを見たら目が大きくなって、行方をじーっと見ていたり、キャラクターの鉛筆キャップが気になって手を伸ばしたり、中には、べーと出した舌をおもしろがって見てくれた子もいました。

「見たいもの」を使って目線を手元や人の目元へ引きつける導入をします。「ぴっぴっ」と擬音を入れたり、「イーチ、ニー、サーン……」とカウントをほどよく区切りながら「ちゃんと見たね！」とハイタッチをします（図1）。

ハイタッチでほめるのは、その手を見ようとするからです。でも見ないし手を出さない子もいます。「やっ

ハイタッチ

図1

たー」といいつつ手を出させて、大人も手を合わせます。気のない子には、タッチをわざとはずして顔に「ベチャ」。ついでにひとなでしてやります。目をパチクリさせながら次は手を合わせてくる確率がアップします。

「見ていないと大変！」と思わせるのが「指ミサイル攻撃」（図２）。

大人の指が眉間を目がけて飛来します。命中すると「爆発」して眉間をクシュクシュされてしまいます。その「ミサイル」を手で払いのけるゲームです。はじめは、指を動かしながら片や子どもの手を持って払いのけさせるひとり二役をしてルール提示。「よけるためには指を見る」というコツをつかんで遊べたあとは、大人の指の動きに敏感になります。注目させたい時も視線の上で指を動かすとハタと気づくようになります。

指の動きを見る

図２

ふれて動きを合わせる

「ハイタッチ」の要領で大人の手に手を合わせてもらいます。そこから手を上や横、またからだのほうへ動かして「手をおなか」「手をひざ」と同じところを押さえるように誘導します。すぐ手を移動すると、「まね」なのか、拍子で動いたのか本人もわかりにくいので、カウントの間止めてはっきりとした動作にします。

「手を頭」は、手を置くポイントがわかりやすいですが、顔の部位や肩は、見えないので意外と難関です。背後からもうひとりに介助してもらいたいですが、ふれる人に注意がいったり、頼ってしまうので、手をつかむより本人の指先と示す部位の間にふれるとよさそうです（図3）。

手を肩に

図3

立ち座り

立つ・座るという目立つ動きを使って、自分から注目してまねる流れに進めます。「まねる」ことは、子どもにとってエネルギーがいります。「やりとりに応じる」構えが弱いうちは、すぐいやになったり注意がそれがちです。エネルギー増減の様子を見ながら進めていきます。

できない時は、すぐに一歩前のステップに戻って積み上げ直しをします。3回、5回、10

回と続けられたら次のステップを試す心づもりでいます。気づかれしすぎない程度に、でも区切りの手応えを大人も子どもも、ともに得られる程度に基準をもって行います。

子どもも大人も目線が合う高さのイスか、しゃがみ姿勢で座ります。「立つ」と声をかけて立ち、「座る」といって座る動作をくり返します。はじめは両手を持っていっしょに動きます（図４）。立ちたくないとぶら下がるようでしたら、手を持ち、ひじが肩よりうしろにいく位置でひじが上へいくように力をかけます。それですんなり立ってしまえば「えらい！」と派手にほめます。全体重をかけて立つまいとするなら、「引き起こし」や「オットセイ」「かたつむり」（97～100ページ）を先に行います。

両手つないで立ち座り

図４

うながしても座らないようでしたら、子どもの頭をこくりと前に力をかけると座りやすくなります。突っ張ってしまうなら、前後に重心を揺らします。重心を戻そうとする力で、「こくり」として座らせます。「やれた！」動作を実現させて大きくほめます。

軽くうながしていっしょに立ち座りできたなら、片手つなぎにレベルアップ。さらには、

「指一本を持つ」「動く時に立つ・座るのサインをしながら（図5）子どもの手にふれる」「立つ・座るのサインだけ」「サインもなく大人の動きだけ」とレベルを上げていきましょう。

やることを知っているからと見本に先行して自分から動くのは、ストップ。「模倣ルール」をつかんでほしいのでタイミングを合わせるように伝えていきます。

さらに「立つ・座るの声かけをなくす」「立ち座りのタイミングを一定にしない」「見本と本人との距離をとる」というようにハードルを次々に上げてチャレンジさせます。

自分から注意を払って一定の人の見本をまねて動くという基本姿勢が身につきます。

歌や音楽の力

手遊び歌や音楽に合わせて模倣をさせるとノリが違う

サインで立つ

図5①

サインで座る

図5②

という子がいます。聴覚過敏があって、耳をふさぎがちな子でもお気に入りの曲だとウキウキして手遊びやダンスをまねてくれます。フィットする調子があるようで、歌うように名前を呼んだり、カウントしたりするとアンテナがふえて注目度もアップ。逆に手遊び歌が大きらいという子もいるので、プラスにもマイナスにも力を持つのは確かな様子。

模倣の精度を上げる

模倣の精度を上げていくためにもさまざまな動きをまねさせていきます。自分のからだでありながら、思うように動かせない子が多いので、一見まねていないように見えることもあります。ていねいに動きの調整をしながら、からだのイメージを修正していきます。

【左右の手や足の動きが同じもの】バンザイ（図６）・両手グー・足パー

見本を近接させて教えやすいです。ひじやひざが伸びにくいので、意識させたいです。縮む方向にすこし圧をかけると逆に伸ばすことをつかみやすいようです。

図６

【片方の手や足を動かすもの】挙手・片手頭（図7）・足チョキ

動かさないほうをあらかじめ止めておきます。

【両方の手を違う位置に動かす】片手上、片手横（図8）・片手パー、片手グー

片方ずつ動かすとわかりやすく、確実になったら、ゆっくり同時に変化させて次のステップに進みます。ここに足の動きも加えて難度アップ。

【正中線を越える動き】左手で右肩をたたく・右手で左耳をさわる・左ひじで右ひざタッチ（図9）

ゆっくりと動きを見せながら、使わないほうの手に物を持たせたり、片手にリストバンドをしてみます。片方ずつから両方同時で難度アップ。

片手頭

図7

片手上、片手横

図8

【ゴールのない動き】肩回し・手首回し・腰回し・クロール（図10）

宙をイメージだけで動かすのを苦手とする子は多いです。ボールを投げるフォーム、縄跳びの縄回し、泳ぎのフォームなど、模倣だけではつかみきれない場合、一定範囲を動くように幅を決めたり、目安を工夫する必要も出てきます。

【指先の動き】グーと握る・指数字・親指立て・小指立て

大人の指を握らせながら、ゆっくり引き抜きます。その一方で子どもの指を押して、抜かれないよう握る力をうながします（図11）。

また、親指の動きを中心に力を入れさせながら、立てる指をつつくようにして伸ばすことも練習します（図12）。

左ひじで右ひざタッチ

図９

クロール

図10

サインを使って表現の幅を広げるには、手指の動きをまねることが基盤になります。

【口の動き】口を大きくあける・口の端を横に広げる・舌を出す

発音にいたる前に口の形や舌、頬、あごの動きを模倣で広げます。あまり力を入れすぎないようにして「お口の体操」をしましょう。鏡で位置を確認させたり、ヨーグルトや蜂蜜をぬって動きをつくります。

【発声】ハーと息をはく・ブブブと唇と押しつけて吹く・一音ずつまねる

手に「ハー」と暖かい息を出したり、唇を押しつけて「ブブブ」と音を出したり、ストローで水をブクブクしたり、笛を吹いたりしてみます。触覚や視覚、聴覚的にフィードバックして息を出した成果を伝えたいです。そ

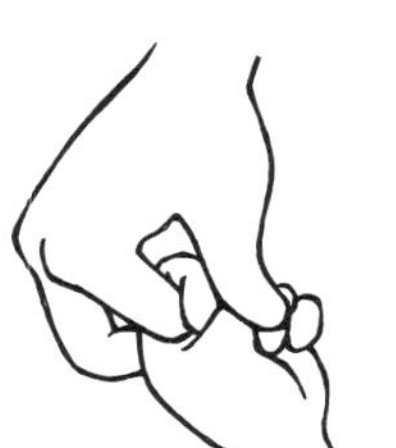

図11

図12

の関連性・再現性をつかませるところが苦労のポイントです。

音を出せるようになると、まねをうながしていわせますが、つい強く見本をいってしまいがちです。それをまねて本人も余計な力を入れすぎて、異なった発音になることもあり、注意がいります。また、一音ずつよりイントネーションをまねることから音を次第に整える子もいます。

模倣ルール

動作をまねることから「同じにする」という流れを含んで、模倣ルールは展開します。「同じ」か「同じでない」か、物の区別をつけ、分類やマッチング、さらには、ブロックなど見本と同じ物をつくる「構成課題」へ広がります。目と手の協応が上達することも利用して鉛筆で見本を見ながら文字をなぞり、模写する方向にもいたります。

また、見本と同時にせずにしばらく時間をおいて行う「遅延模倣」は、模倣すべき要点をつかんでいないとできません。それが、意味や意図の把握の基礎にもなり、生活面での技能や活動を学んでいくのに大きな力を持っていきます。

21 見通しを伝える

安心・納得の手がかりを与える

Qくんは、机について、先生の出す物に注目したつもりです。カード選びは、先生が「いいよ」というけれど、「あっているのかな?」。ビーズ通しは、いくらやっても「たくさんある!」ので、いやになってきました。

「これでいいのかな?」「どれだけやるの?」と見通しを持てない子どもは不安や注意の途切れを示します。未経験なことが多い小さな子たちは、とりあえず体験せざるを得ない事柄も多いです。ことばの説明がわからない時期でも安心・納得の手がかりをつかめると楽になります。抱かれたり「大丈夫」とささやかれる情緒的な安心感とは別に、自分から得る情報としてもつかんでほしいものです。

①カウント

数唱自体がわからなくても、数えだして「じゅうー」といわれるとほっとする、あるいは「ゼロ」だとドキドキします。カウントで「おわり」を伝えることが呪文のように子どもたちにはよく伝わります。たかがカウントですが、そこには、情感がたっぷりと非言語的な要素としてのっているからなのでしょう。

②タッチ

「大人の手にタッチするところまで手を伸ばす」「ふれるとつかれる」「ハイタッチすると、区切りがつく」というように、「行為のゴール」や「禁止ゾーン」「ひと区切り」を「さわる」ということで示します。

「ほめられたことに気づく」のもタッチングから生まれます。触覚過敏で頭をなでられるのがいやな子にも笑顔とほどよい圧迫刺激で、安心と快の感情を伝えようとする大人の努力は伝わるものです。「ほめられる」ことが安心感をへて成功感のゴールへ導きます。

③なくなる

ビーズ通しなど、たくさんあるといやになります。でも5個ぐらいならがんばれます。5個入った容器が5個重なっているほうが25個示されるよりがんばれます。

「手元からなくなる」と区切りがつくという目安は、数の大小がわかりにくい人にもはげみになります。

④AしたらB

「トマト食べたら唐揚げ」というやりとりを食事の時によくします。Aが過大だとBの魅力が負けます。ただ、次にはうれしいことが待っているという見通しほど、はげみになることはありません。食に関心が薄くても、食べたらおもちゃで遊べるとなったらやおら張り切った子もいました。

⑤マーク

服の前後マークや着替える場所の範囲指定のプレート（図1）は、それだけではわかりにくい目安です。使い方を動きといっしょに教える必要があります。子どもがミスしにくいための「安全地帯」のような手立てです。

⑥同じ

机上のカード課題では、子どもが選ぶものと同じカードを大人も持っていて「答え合わせ」をします。そうすれば、「いいよ」だけではなく、子どもも自分で確かめて納得しやすいです。

一定範囲内で着替える

図1

写真やシンボルを行動と合わせて「次は、これ」と手順の見通しにもつなげたいです。この時、「机上課題」からたどってきた「同じ」というルールを使います。手元と同じ「写真」をかばんや水道の「実物」にも貼っておきます。それを合わせていくうちに持ってくるものやするべき行動のつながりがわかった子もいます。

⑦マル！

「マル」「バツ」というのは、大人が成否判定をするためではなく、本来は、本人が成否判断するのに便利な手段です。ことばが十分でなくても身ぶりで表わすことができます。ただ、幼い子には着目点がわからず、まだ成否判断をつけにくいものです。

でも、「マル」とほめられてうれしい。「バツ」と渋い顔をされてしゅんとする。というようなやりとりはできます。「ピンポン棒」（図２）でマルの表示を出されると気分がよくなります。

大人の口調や表情で「マル」「バツ」と自分から指を表示してくることもありますが、大人の判定をなぞった形です。「マル」になるためにがんばろうという姿勢は、「見通しを持つ」ことが支えています。そこにいたる力をたくわえてもらいたいものです。

ピンポン棒

図２

22 返事をすることとあいさつをすること

模倣によって反応する姿勢を身につける

相手からの働きかけがよくわからないことも多いし、反応の仕方もわからないので、無視してしまう子。模倣が盛んになると、とりあえず「おうむ返し」をする子。「おうむ返し」は、働きかけが耳に入っているということですが、やはり反応の仕方がわからず困っている姿です。返事とあいさつから反応のきっかけをつくっていきます。

返事をつくる

「Aくーん」と呼んでもキョトンとする子の手に大人の手を合わせて、「はーい」とゆっくり挙げていきます（図1）。いやになる手前で5回ぐらいつきあわせて練習します。手があがると大人がニコニコするので、場面に応じて「そうするものだ」となじんできます。手を密着しなくてもつられてあげたり、大人が指揮者のように手を振るとあげるようになり、形ができてきます。手のおさまりどころがなくて、「手を頭」にすることもあるので、油断禁物。

音声もイントネーションをまねて「あー」「い」と出てくればうれしいことです。「Ａくーん、はーい」とひとり二役で大人が教えるので、それをまねて二役になる時期もあります。「Ａくーん」と大人がいう間は、大人を指さしかつ子どもの唇はストップ。いいおわったら子どもを指さし、次をいうようにうながします。

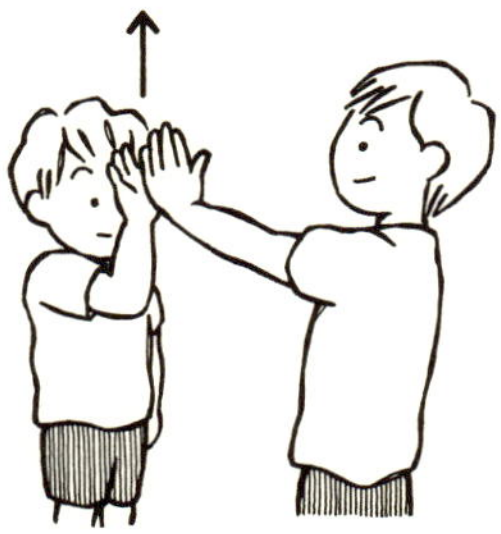

挙手のかたちを作る

図１

自分から返事をする

呼名に返事をする「公式場面」でのやりとりができると本人も周りも一安心。でも、そこでおわりにせず、すこし離れていても、呼ばれたら「はーい」と返事をうながし練習したいものです。日常では、返事という反応を待たずに、つい指示や行動をうながしがちです。返事をしないと自分から聞いているのか、違うことを考えているのか、わかりません。

返事は、「自分はあなたの話に耳を傾けて聞く準備ができていますよ」という表明です。呼ばれて応えることが定着していると、集団指示へ注意を向ける行動につなげやすいです。「はい」には、「イエス」の意味合いもあるので、「わかる?」「はい」の生返事へつながるパターンには用心がいります。内容の理解は、行動を見守ることが必要です。

Aくんにわざと「Kくーん」と呼びかけてみます。呼び名への返事場面を使い、「いいえ」の表現をサインなどで示し方を教えます。

あいさつを返す

人との出会いは、まずあいさつです。あいさつを通じて相手がどんな調子なのか感じながら、人はやりとりの口火を切るのでしょう。そのためか、将来大人になった時も「あいさつ」を重要視する職場がとても多いです。発声が十分でなくてもお辞儀をしたり、サインのような形であいさつをかたどることができます。

あるお母さんは、毎朝学校に通う間に「オ・ハ・ヨ」とくり返すことが発音を育てたと語っていました。どうにか発音する時期は、場面がないとしゃべらないものです。「おはよう」「いただきます」「ごちそうさま」「いってきます」「ただいま」「こんにちは」「さようなら」「こんばんは」「おやすみなさい」と一日の各場面でくり返されるあいさつをていねいにくり返していくことは、よい練習になります。

相手と同じことをいうあいさつと、「いってらっしゃい」→「いってきます」「ただいま」→「おかえりなさい」のような対《つい》になるあいさつもあります。役割交代するセリフは、返事の「二役」対策と同じようにして教えていきます。

自分からあいさつをする

「いわされるあいさつ」から「自分からするあいさつ」への変化は、やりとりを苦手とするタイプの人たちが苦労することです。誰にどのタイミングでいうのかをつかみにくいからです。「まずあいさつしよう」とドアを開けてあいさつ。そこには誰もいなくて、中でいざ人に会っても無言、ということがある一方で、出会う人にやたらあいさつする人もいます。「一定の場面であいさつするべき人に一日の中で初めて会ったらあいさつする」というルールは暗黙のものになっていて、それをなかなか伝えられないものです。

お母さんが職員や子どもたちの写真を撮っていきました。家でことあるごとに写真を見せ、「I先生」「Uくん」といっていたそうです。今まで目も合わなかったのに、ちらりと見る彼の視線を感じるようになりました。そこから自発的なあいさつまでには、まだ距離がありますが、まずは、人を区別して見はじめることなのでしょう。

23 くらしの中での場面づくり①　身辺自立やお手伝いを通して

からだの感覚と音声を結びつける

子どもたちに身のまわりのことを教えていくためには、「しっかりやりなさい！」「早くして！」ということばは、この時点では、伝わらないやりとりです。

子ども自身に適切な動きや力の入れ方を伝えるために、大人の手の動かし方が子どもの動きをどう誘導するか、ことばの前に行動を伝えるやりとりが基盤になっています。大人の手あるいは、細かなステップを通じて子どものからだの感覚に働きかけ、それと音声や視覚刺激を結びつけるやりとりを意識して行っていきます。

身のまわりのことを教える中で使う音声でのやりとりは、擬音、擬態語が多くなります。リズムもあり、気持ちも入りやすい「ことば」なので、動き具合や力の入れ方を伝えるのに効果があります。視覚刺激は、模倣もうながしながら写真の意味をとれるようになると幅広く使っていけます。

①食事場面

まずは、あいさつです。「いただきます！」をいうまでは、待っています。食べたいからこそ、この場面で「待つ」のことばと行動を教えやすいのです。

持ちやすい小ぶりの器に太めの柄《え》のフォークを準備し、器もフォークも「ギュッと」持って食べはじめます。

「アーン」で口を開けたら、かまずに飲みこむ子もいるので、あごのうしろ（飲みこみにくくするポイント）を押さえながら「アグアグかんで」と大人もあごを動かしながら見せます。逆にかもうとしない子には、「もぐもぐ」と声かけしつつ、奥歯のほうに食物を当ててかむことをうながします。

苦手な物には、「見通しを伝える」の項（122ページ）でふれたように、「食べたら……これね」と食べたら好物があるという見せ方をしていきます。このルールの教えはじめは、苦手を食べたら、すぐに好物を「はいどーぞ」と渡しますが、ルールもわかってきたら、もうひとやりとりの「ちょうだい」をうながします。「食べたい」「やりたい」という場面で勝手に取るのではなくて、人から受け取ることを教えていけます。

相手を見ずに「ちょうだい」のポーズを物に向けている子もいるので、「相手に訴える」のだとうながしたいところです。

唇から食べ物をこぼす子には、スプーンで「アム」だよと唇を押し下げながら含みとる練習もします。舌の動きをアップするのにヨーグルトなど唇にぬって、「ペロリだよ」と唇をつついてうながします。

食べるのがゆっくりな子は、食欲があっても口の動きが止まっている場合があります。「パクパク口を動かして！」と声かけとあごの動きでうながします。

食べおわりのあいさつは、「ごちそうさま」。声として出なくてもポーズをとらせて、食事のおわりを伝えて、食器を片づけさせます。食べる途中でどこかへ行こうとする子には、「ごちそうさまなの？」とたずねますが、「ごちそうさま」が食事のおわりだという習慣を持っていないと通じません。

②着脱場面

ズボンやシャツ、靴下をはく時の身のこなしは、介助の手を通じて伝えている部分が多いです。大人のほうは、「よいしょ」「シュッシュッ」「ほーら」などかけ声で力を出すことをうながしていきます。

手指を使わせる時は、「ギュッ」「ペタン」という擬音で力の入れ具合を伝えます。大人がいっしょに手を押さえても手元を見ないなら、大人も子どもの手に「ギュッ」と圧をかけてやります。「ギュって何⁉」と触覚刺激に注意を呼びさまされて手のほうを見てきます。

また「アイロン」といって衣服を伸ばしたり、「トンネル」といって衣服に手足を通させます。「キーワード」のことば自体の意味は伝わらないかもしれません。でも子どもには、擬態語的な印象で残るでしょう。

服の前後を伝えるには、「どこ持つの？」とたずねますが、これは通じません。前後マークがある時は、「マーク！」と大人は叫びます。「マーク」という語もわかりにくいので、「しまじろう」「トーマス」などキャラクターマークの名のほうが伝わることもあります。

手順を教える時は、「脱いで」「置いて」「はいて」「着るよ」など動詞を語ることになります。動詞は、ポイントをつかみにくいようです。大人が衣服を引っ張るのに頼ったり、あるいは視覚的な手がかりで意味がわかって動作をつなぐ子もいます。

ただ、そこをあらかじめ考慮して、しっかり動詞部分を聞かせて行動と合わせていくやりとりは有効でしょう。

身だしなみも「すそを入れる」「えりを直す」という動詞部分がわかりにくいので、該当部分をつついて身体感覚を刺激しながら、「ギュっ」「くるり」とかけ声をしながら伝えていきます。

家での「自分の役割」を持たせる

「まだいろいろなことができないのに、お手伝いなんて」と尻込みしがちです。でも、「してもらう」立場で受け身になりがちな子どもたちにとって、「してあげる」立場になれるのがお手伝いです。「これお願いね」「ありがとう」ということばかけが自然になされる場面です。

もちろん、はじめは一から教えるわけですが、簡単な動作だとまかせられるものも出てきます。大人からほめられて、自分が「役に立つ」ことは、子どもに誇らしさを感じさせます。将来的に「自分の役割」といえるような家の仕事を持っていると家庭内で感謝される存在として位置づけられます。

①配膳・下膳

こぼす危険があるのなら、まずは箸などを頼みます。こぼれにくい物を手で運べたら、すべり止めの台ぶきんを敷いたミニお盆で「そーっと」運んでもらいます。「そっと」「ゆっくり」を体感できるチャンスです。

食器位置や家族の座席を示すランチョンマットや写真マークがあると「ゴール」もわかりやすく、同じところに「いっしょ」とする配置の練習もできます。

下膳は、食べおわって、「ごちそうさま」をしたら「はい片づけ」と自分の分をすぐに運ぶ流れでつなげたいです。シンク横の調理台など、どこに片づけるのか「ゴール」をはっきりしておきます。

②買い物

買い物に行くと、走り回ってしまい大変なら、カートにつかまらせたり、カゴを持たせて「いっしょにいる」ことをくり返します。カードで陳列台から「にんじん」「りんご」などカゴに入れる「お役目」をさせるとウロウロが減る子もいます。

カードでは、1個しか描かれていないのに、陳列台ではたくさんの中に埋もれていたり袋詰めなのでわかりにくいですが、「りんご」の本当の姿を見てもらいます。ここでも「そっと」カゴに入れるようにうながします。

レジのトレイに背が届くならお金を渡す練習もしてみます。お金を渡して、お釣りやレシートをもらうという「やりとり」は、意外に覚えにくいので、なじんでもらいます。

レジ袋や持参の手さげ袋に５００g程度の荷物を分けて「運ぶ」手伝いをしてもらいます。形の崩れない固形物がよいでしょう。「運んでね」「しっかり持つよ」「がんばったね」という流れでたどりつきたいところです。

③食器洗い

台所は、子どもたちが興味を持つ物がたくさんあります。初夏になり、水遊びの好きな子には、なかでもアワアワの食器は、魅力的です。

泡ギレの良い洗剤で、子どもの手荒れに注意しつつシンクに届くような足台を準備。ビショビショになるので、エプロンや足元の水ぬれ対応をしておきます。

小さな器を少量から「シャワシャワ」と流す一方で、手指を開いて「キュッキュ」とこする手つきを教えていきます。子どもは自分のペースでドンドンやりたがりますが、勝手はしないで「いっしょにする」と伝えます。「オモテ」や「ウラ」に泡の残りがある指摘やお皿を「そっと」裏返して置くやり方を守ってもらわないと「お手伝い」に踏みだせません。「上手ね」「きれいになりました」「ありがとう」といわれると、また台所に顔を出す頻度がふえてきます。テレビにやりとり機会を奪われる前にチャンスをつかみたいです。

泡落としが上手になると「洗う」こともしたくなります。子どもの手に合ったスポンジやミトンに洗剤を「すこし」つけさせます。「すこし」「ちょっと」がわかりにくい場合は、ポンプ式で「１回」が伝わりやすいでしょう。自分の分からまとめて洗ってみます。「なか」「ふち」「そと」をこすりますが、「ふち」を忘れやすいので、動きに合わせて教えます。

④簡単な調理

台所に顔をよく出す食べ物好きな子には、簡単な調理の手伝いをしてもらいます。教える必要がしばらく続くので、大人に余裕がある時に「お呼びする」感じになります。

プチトマトのヘタを「取る」・玉ねぎの皮を「むく」・レタスを「ちぎる」・卵を「割る」・サラダを「混ぜる」・ハンバーグのタネを「こねる」・クッキーの型を「抜く」など、刃物を使わずトライできます。動きのことばを教えるチャンスです。でも、大人の思った出来には、なかなかいきません。「お試し」からはじまります。

また、飛び散る・なすりつけるなどの危険性を計算に入れないと「叱る」場になってしまうので注意です。勝手にふるまわず、動きを身につけてなじんでいけば、刃物を解禁できる日がきます。すると、頼もしい右腕になる日も夢ではありません。

24 くらしの中での場面づくり②
遊びからのアプローチ

からだを使った遊び

遊びは、子どもたちにとって、本来楽しさを共有する場です。その場を演出しながら、「やりとり」のきっかけをつくっていきます。

小さな子どもと遊ぶ切り口として大人の男性が得意とするのは「荒っぽい遊び」です。これが不得意な子もいるので、その場合は、すぐに方向転換したほうがよいでしょう。

周りに気をつけながら、子どもの手や足を持って「ぐるぐる回転」。肩に担いでから、しっかり押さえて前方に「宙返り」で着地させたり、大人があおむけになって、子どもの肩口を持って支え、足で腹部を支えながら揺らして「ヒコーキ」など。「けけけ」と笑い大人を見てきたり、もう一度というようにしがみついてくれれば、成功。

「やって」「ちょうーだい」をうながします。大人がへばり気味になったら、逃げてみます。追って探してくれれば、やりとり意欲十分なので、休憩しながら「模倣手遊び」などにもトライ。興奮しているので、「おわり」を告げるのは難しいです。家庭では、おやつに救われることもあるでしょう。

公園遊び

公園では、自由に走り回ったり、遊具で遊ぶ子もいる一方、動かない子もいます。

前者の場合、行きすぎないように見守る必要もありますが、往々にして帰ろうとしないこともめます。「おわり」を伝えなければなりません。「あとひとつ」「あと一回」と指を出しながら予告します。「イチ・ニ・……ジュウ。おわりのおわりの汽車ぽッぽ。ぽーといったらおわりです」などと呪文を唱えおえたら、それとともに帰ります。その意味を伝えるためにも、宣言があったあとは、泣かれても「本当におしまい」と断固として行動で示すことです。

後者の子は、動きがぎこちなかったり、不安が強い場合があります。遊具などきわめて簡単なところからいっしょにお試しをします。お遊びなのですが、本人にとっては、「チャレンジ」です。「やったー、すごいねー」とそこに共感したいものです。

公園にいるほかの子たちとは、小さいうちはいっしょに砂場で山をつくったりしながら、勝手に相手の物を取らないなど、遊びのしきたりを教えることになります。「貸して」と示しても相手が貸してくれるとはかぎらないですが、そうした手続きをとるのだという流れを経験させます。

ルールのある遊び

遊びは、次第にルールのあるものに進んでいきます。苦手な「暗黙のルール」が入り込むとわかりにくくなりますが、定式化して整理していくと楽しめるものが出てきます。

この時期につかみたいルールは、「何がゲームのゴールか」ということと、「順番を守る」ことです。何らかの変化が生じて「やったー」「残念！」と喜んだり、騒いだりするわけです。その変化に気づいて楽しめるように盛り上げたいです。ピンポン棒は、○や×の意味がつかめなくてもウキウキしたり、ガクリとする感じを演出しやすいツールです。

複数の人が関わる場合には、「順番」が必ず生じます。自分の番がくるまで「待つ」ことをうながします。

①積み上げゲーム

積み木や空き缶を順番に積んでいきます。倒れてしまったら、「あらー」とか「残念！」と騒ぐという遊びです。単純ですが、盛り上がる可能性大です。

手元にきた積み木や缶が「順番」を示します。乱入したがる子もいますが、「順番」がこないうちは、待つというルールを徹底させます。

②大当たりゲーム

裏面が同じ模様のトランプや百人一首のようなカードを数枚用意します。1、2枚の表に「当たり」を示すシールを貼っておきます。これを順番に1枚ずつめくって、「当たり」が出たら「大当たりー」と喜んで、時にはプチチョコなど賞品が出ると盛り上がります。本人の興味を持てる図柄が「当たり」だとわかりやすいでしょう。

③人間ドッヂ

布団やマットなど一定範囲から出ないルールで、ロケットのように突っ込んでくる人をよけるというゲームです。はじめは手伝って「あぶない！」と逃げるようにしてやりますが、時にはぶつかり転ばされてびっくりすると、よけるルールがはっきりします。よけてうまくいくことが5回ぐらい続いたら、「クリアー」といっしょに喜びます。

第5章

物を区別し、主張できるようになるまで

25 認知発達

言語行動を支える基礎的なプロセス

ことば以前に獲得されるコミュニケーション

ことばを覚えるまでのコミュニケーションは、表情や視線、指さし、〈快—不快〉の発声など、ことば以外の手段で行われています。生後5か月くらいまでは、赤ちゃんの笑顔に大人が応えるといった、子どもと大人の2人の間だけでコミュニケーションが行われます。これは「二項／情緒的関係の段階」といわれています[1]。

6か月を過ぎると、ここに物が関わってきます。子どもが手を伸ばして物をほしがったり、子どもと大人が同じ一つの物を見ているといった場面です。二項に対し「三項関係」と呼ばれます。

物が加わる分だけ、二項に比べて場面のバリエーションが広がります。たとえば、8～9

か月ごろの子どもの目の前でお人形をタオルで覆い隠してみます。すると、お人形はなくなったのではなく隠されただけだということがわかるようになって、タオルを取り除こうとします。

見えないけれどそこにある、とわかるようになってくると、次第に「このあとどうなるのかを期待して待つ」といった行動が見られるようになってきます。「いないいないばぁ」が楽しめる状態です。このように、人と場面を共有し、やりとりをするというコミュニケーションは、ことばを用いる以前からはじまっています。

それぞれ別の物を〝それらしく〟扱うこと

これらを成立させているのは、基礎的な認知の力です。

このような、ことばの行動を支えているとされる認知の力には、弁別（区別すること）、再認（過去の経験を確認すること）、記銘（情報を覚えておくこと）、模倣（まねすること）などがあげられます[2]。たとえば、目の前にある物が「僕の食べたいりんご」であると理解するためには、視覚的にりんごを認知し、それが自分のイメージのりんごと同じ物であるかを頭の中で照合し、確かめることが必要です。照合するためにはほかの物との違いが弁別できなければなりません。実は、こうした認知の延長線上に、ことばの獲得があるのです。

発達の初期の物の扱いというのは、おもちゃだろうがボールだろうが、何を手にしても口に入れるかたたきつけるかといった同じ扱い方です。ここから、物を操作する経験が蓄積され、ある特定の物を見た時に（視覚認知）、その扱い方を覚えていて（記銘）、思いだして（照合・再認）、その物らしく扱うことが見られはじめます。このような物と物とを区別する力、つまり概念の形成が、ことばのスタートラインと考えてよいと思います。

ことばの理解はなぜ難しいか

まだことばが理解できない段階の子どもでも、物と物、物と自分との関係で状況を理解しています。かばんを持たせれば片づけにいく、いすをトントンとたたかれれば座る、などです。身ぶりサインやシンボルなら理解できても、ことばだけでは理解できない子どももいます。

耳で聞いたことばは、なぜ難しいのでしょうか。身ぶりにしても物にしても、ずっとその場にあり続けて何度も確認することができますが、音は自分の頭の中に残すだけで消えてしまいます。ほんの数秒の出来事です。また、身ぶりや物は直接的・具体的にその物や状況を示していますが、音声というのは「言語」という一定の決まりによって示されています。

「ごはん」ということばを例に考えてみます。手を口元に持っていく動きは食べる行為を直接的に再現しています。これに対し、「ごはん」という音声と、食べ物である「ごはん」との間には直接何の関係もありません。偶然にも、私たちの口に入るものはなぜか「ごはん」と呼ばれているのです。このように、「ご」「は」「ん」というそれ自体には意味のない音の羅列に、意味を持たせてやりとりに使用しているのが、音声言語です。

物を用いたコミュニケーションから指さし・身ぶりへ

この段階の子どもは、自分のわかる手段を活用してコミュニケーションをとろうとします。指さしをしてほしい物を示す、声を出して相手の注意を引く、お菓子の袋を大人に押しつけて開けるようお願いするなどです。大人からの働きかけも、大人がジュースを持っていれば自分のコップを取りにいくなど、物を見て判断して行動することができます。外出の支度をしていると、いつの間にか子どもが帽子をかぶっているといった行動も見られるのではないでしょうか。

このような、ことばを使用しない段階でのコミュニケーションを十分経験することは、言語獲得後の子どものコミュニケーションに重要な役割を果たすと思います。つまり、自分の思いが伝わることを知り、相手の意図がわかることを知るという経験です。一方、物中心のコミュニケーションでは、やりとりが「子ども→大人」ないし「大人→子ども」という一方通行でシンプルにおわってしまいがちです。「子ども→大人→子ども→大人→子ども」と継続できるように、「こっちにしようよ」「かばんも持ってね」など大人側がバリエーションをつけるよう意識することが大切です。

高いところにしまってある物など、ほしくても手が届かない物に対して腕を伸ばしている行為が指さしの原点です。子どもにとって、物がなくても自分のからだで表現できる指さしは、要求できる物の幅を広げてくれる便利なツールです。同時期には、テーブルをたたくなどの動きで不満を示すこともあると思います。大人の都合から見ると、望ましい表現と困ってしまう行動ということになりますが、質的にはよく似た表現方法です。

不満な気持ちはわかってあげたいので、「やだ?」とバイバイ身ぶりなどを示すなど、やってほしい行動を示しつつ、子どもの不満な状況を解決していきます。また、指さしやちょうだい身ぶりは、どんなものに対しても使えるオールマイティな要求手段ですが、模倣する力がついてくるにつれ、「物を扱っているつもり」の動きで表現することが見られはじめます。それぞれの事物に対応した身ぶりの出現です。

指さしは自然発生的ですが、身ぶりは大人が子どもに対して用いていたほうが子どもも使ってくれるだろうと思います。指示する時ばかりでなく、子どもが実際の食事をしている時に、「もぐもぐ、おいしいね」などといいながら身ぶりをして見せることが、子どもの身ぶり使用につながりやすいと思います。

実際の操作をイメージしやすい身ぶりと、恣意的《しい》な「ことば」の中間が幼児語です。「もぐもぐ」や「マンマ」は、話す時の口の動きが食べている様子・身ぶりに似ています。「ワンワン」は鳴きまねです。音だけれど、直接物や状況をイメージしやすいことば。それが幼児語です。幼児語を上手に利用することが、ことばの習得に有効に作用します。

指さし・身ぶりからことばの理解へ

子どもは、１歳前後にことばを理解し、話しはじめます。赤ちゃんは、１年かけて「音声」という目に見えない存在を発見し、そこに意味を見出し、自分で同じ音を出しながら「ことばを覚えて」いきます。「おふろ」「ねんね」「マンマ」など、決まった場面になると同じ音が聞こえることに気づいて、物や状況に名前があることを理解していきます。そして、これと並行して自分も音が出せること、自分の音と聞こえる音が同じであることに気づいて、話すという手段を身につけていくというわけです。

おそらく、はじめはただ声を出してみたという状態なのでしょうが、赤ちゃんの発声を聞いたご家族が「ことば」と認識して喜び、物や状況を赤ちゃんに与えることをくり返す中で、音声言語を用いた意思の疎通が成立していきます。ことばによるコミュニケーションのはじまりです。

　前述のとおり、言語行動は基礎的な認知発達が支えています。小寺ら[3]は、〈S―S法〉言語発達遅滞検査法を用いた言語発達遅滞児の評価・指導を研究・開発する中で、記号形式―指示内容関係、基礎的プロセス、コミュニケーション態度の３つの領域から、子どもの言語行動をとらえることの大切さを述べています。

　記号形式とは、「ごはん」ということばの形のことであり、指示内容とは、頭の中にあるごはんのイメージです。ことばは、頭の中のイメージに表現する形が結びついて成立していることを示しています。基礎的プロセスは、ことばを支える認知面の能力です。

　また、コミュニケーション態度とは、相手

図　言語行動の３つの領域

に向かってことばを用いる語用面の能力を示しています。図のように、子どもが大人に「キリンいたよ！」と伝える場面では、目の前にいるものが「キリン」であるとわかり、そのことを「キリンいたよ！」ということばにすることができ、そのことばを大人に向かって伝えています。この図式は記号の段階が違っても変わりません。つまり、ことばが音声であろうと身ぶりや指さしであろうと、コミュニケーションが成立する際に行われていることは同質の行為であると考えてよいと思います。

コミュニケーションがうまく成立しない子どもに対して、その子どもがこのような言語行動の３つの領域のどの部分・どの段階でつまずいているのかを考え、適切なコミュニケーション行動を経験させてあげるためには、どのような手段・方法があるのかを工夫していくことが、子どもの力を育てる大人側に課せられた責任なのでしょう。

（１）小椋たみ子（２００８）『新・子どもたちの言語獲得』「第8章　障害児のことばの発達」大修館書店
（２）日本音声言語医学会言語委員会言語発達遅滞小委員会（１９９８）「言語発達遅滞児の検査・訓練法の検討――総合的な言語訓練プログラムの追求」『音声言語医学』39：230-235.
（３）小寺富子・倉井成子・佐竹恒夫他（１９９８）『国リハ式〈S―S法〉言語発達遅滞検査法マニュアル（改訂第4版）』エスコアール

26 指さしを通したやりとり

いろいろな指さし

指さしは、発達初期から見られるコミュニケーション手段です。ほしくて取ろうとする、子どもにとって自然な欲求に基づいた行動から生じています。子どもにとって、自分のからだで表現できる指さしは、要求できる物の幅を広げてくれる便利なツールです。また、どんなものに対しても使えるオールマイティな要求手段です。

一方、ことばの発達にアンバランスや遅れが見られる子どもの保護者からは、「指さしをしなかった」というエピソードをうかがうことがあります。外界に対する興味や認知が関係しているのかもしれません。

指さしを通したやりとりには、子どもによる指さしと大人による指さしの理解があります。

また、子どもによる指さしには、定型発達に見られるような物に対する指さしと代替的なコミュニケーション手段（ＡＡＣ）としての指さしが考えられます。

子どもによる指さしをうながす

前述のとおり、子どもにとって、指さしは物を取ろうとして届かない時に大人が自分の気持ちに気づいて取ってくれたことが出発点と考えられます。逆に考えると、ほしい物がすべて手に届くところにあって自己充足できる状態で、子どもに指さしによる要求行動を教えていくことは難しいと思います。

まずは、見えるけれど手の届かない状況をつくることが必要です。取れないとわかると指さしをする前に怒り出してしまう、パニックになってしまうという場合は、子どもがほしがる前に大人が取って、誘う方法がよいと思います。自分がほしい時は、「ほしい」気持ちが強すぎて、子ども自身にも余裕がないからです。子どもが好きな物、ほしがる物を、収納場所から子どもの前に差し出してしまうのでなく、必ず一度大人の顔の前に提示して、子どもが物と大人に注目し、腕を伸ばしてくるのを5秒待ってください。

指さしを教える場合、手をとって介助するといった直接的な教え方は難しく、かえって、行動を誘発するような働きかけが有効と思います。とくに、「指」の形にはこだわるべきではありません。物を取ろうとする形の「腕さし」で十分です。指を分化して使う動きは、押すと音の出る玩具やタッパーのふたに穴を開けてそこからビー玉を押し込むような教材、砂に落書きのような遊び、お菓子をつまむ、物をつかむなどの日常的動作からうながしていくことが適当と思います。

物をほしがることが少ない場合には、大人のからだそのものを要求する場面設定が考えられます。抱っこや手をつなぐ行為です。1メートルほど離れたところで、抱っこしてあげるよ、というふうに大人が両手を差し出して構えると、子どもは抱っこされやすいように両腕を伸ばしながら近づいてきます。この動き自体を「抱っこサイン」としてとらえていきます。手をつなぐ動きも同様です。このように、離れた物に対して腕を伸ばして求める動きを経験させると、指さしへのステップになります。

子どもの手が届かないところにある物を指さしして要求するという行動にくらべ、手が届くところにある物に対する指さし要求は、かなり難易度が高くなります。この行動で求められているのは、「許可を求める」という行為です。つまり、ほしくても取っていいか決めるのは大人であると理解していることが必要だからです。場面の設定には、注意してください。

大人による指さしの理解

大人が指さしている物が何であるかを理解できると、大人の指さし→取って渡す→大人が受け取って「ありがとう」という→子どもはほめられてうれしい、といった1往復半～2往復のやりとりが成立します。大人側から考えても、かなり便利で生活が楽になることが期待できます。

大人の指さしの意味がわかるためには、大人が何を取ろうとしているのか予測することが必要です。そのためには、大人の行動への関心・注目が前提となります。これらの基礎は、「いないいないばぁ」などの遊びです。くすぐりなど子どもが喜ぶ行為をやってあげる、中断することをくり返しながら、子どもが再開を期待して待つようううながしていきます。

次には、子どもが大人の「ちょうだい」に対して物を渡すという行動の習得が大切です。はじめは、物を持たせてしまい、それを大人に渡すところからはじめます。そこから、徐々に持たせる前に大人が物にふれて「これを、ちょうだい」などとうながし、最終的には物にふれずに指さしで示します。物との距離もすぐに遠くせず、10数センチ程度でよいと思います。つまり、「ちょうだい」と手を伸ばした際の手のひらが上を向いていない状態が、初期の大人の指さしと考えてみてください。

27 物を区別する　見本を見て、同じ物を選ぶ

事物の基礎概念という考え方

先にすこしふれましたが、〈S—S法〉という、ことばの発達に遅れのある子どもへの評価・指導法があります。この〈S—S法〉では、ことばの理解ができない子どもへの言語指導の考え方として、事物の基礎概念という段階を設定しています。

小寺[1]は、ことばでいってもわからないけれど、紙と身ぶりを示しながら「はさみ持ってきて」と伝えると応じることができる、という保護者の経験が段階設定の参考になったと述べています。そして、ことばが理解できるようになる前の段階では、ことばや身ぶりは抽象的すぎて何を示しているのかわからないけれど、いっしょに使う物ならわかる子どもが存在すること、そこに一つの段階を設定すると、子どもの発達段階に適した手段と働きかけを提供

できるという考え方を構築していきました。この事物の基礎概念という考え方は、それまでの「たくさんことばを聞かせてあげましょう」という環境調整だけではことばの習得にいたらない子どもたちの発達の可能性を広げました。〈Ｓ―Ｓ法〉の大きな特徴の一つです。事物の基礎概念は、機能的操作、ふるい分け、選択から構成されています。

事物の基礎概念の段階①――機能的操作

「機能的操作」とは、物を物らしく扱えるという段階です。これ以前の発達段階の子どもは、どんな物でもなめる、投げるなど単一の操作となりがちです。認知力の発達に伴い、物の形状の違いを認識し、日常どのように用いているのかを覚えていて、用途に沿って扱うことができるようになっていきます。機能的操作の成立です。

日常場面では、歯みがき、食事、着替えなどの日常生活動作（ＡＤＬといいます）をすべて大人が手伝ってやってしまわずに、手伝ってあげながらほんのすこしだけでも子ども自身がやるように介助する量を減らすことが大切です。「見る」という単感覚でなく、実際に扱い、「シュッシュッ、歯みがきだよ」など声も聞きながら多感覚で印象づけを図っていくほうが、覚えやすいと思います。

事物の基礎概念の段階②――ふるい分け

機能的に操作できる事物が5つ6つとふえてきたら、「ふるい分け」をうながします。この段階は、自分の手にしている物を分類することができる段階です。

たとえば、太鼓をたたくという場面を考えてみてください。手にバチを持っていて、目の前に太鼓があればたたいて楽しむのが機能的操作です。しかし、目の前に太鼓だけでなく紙やコップもあったとしたら、どうでしょう？　子どもは、たたくべき太鼓を探すことが必要になります。これができるのがふるい分けの段階です。つまり、バチでたたくのはコップではなくて太鼓であると、いつもペアで使う物がわかっているということです。ペアの組み合わせとしては、バチと太鼓のような対《つい》で用いる物をはじめ、同じ帽子を集める、靴を靴箱へしまうなどの物と場所との関係、帽子は頭に、靴は足にといった物とからだの部位との関係などが考えられます。

日常場面では、お片づけがこれに該当します。おもちゃを箱にしまう、ゴミをごみ箱に捨てる、食べ終わった食器をキッチンに運ぶなどの行動です。片づける場所までの距離が近いと比較的容易ですが、2～3ｍ離れる、隣の部屋へ片づけるなどの状況では難しくなっていきます。容易な、子どもにとってわかりやすい状況をつくり、それが十分できるようになってから距離を延ばすようにしましょう。

事物の基礎概念の段階③──選択

ふるい分けの次の段階は、「選択」です。これは、大人が示している見本を見て、いっしょに使う物を探す行動です。ふるい分けでは自分が物を手に持っていて、片づけ先を探していました。

この「選択」では、大人が示している見本に注目しなければなりません。物と物との関係を理解しているという意味ではふるい分けと選択は同質の行動ですが、相手の示す見本、いいかえれば他者からの働きかけをキャッチする必要があるため、やりとりという要素が強く含まれてきます。このため、ふるい分けはできても選択は難しいという子どもが見られるのです。

相手の示している「見本」が物から身ぶりになり、ことばになって……、と変化していくと、ことばを理解して行動するための基本的な構えが選択の段階であるということが、おわかりいただけるかと思います。

日常場面では、「取って」「取ってきて」という行動が選択に相当します。牛乳パックを示しながら「コップ取っておいで」、おもちゃ箱を示して「おもちゃ入れて」など、ふるい分けの時のお片づけ先を大人が示し、子どもがその働きかけの意味をキャッチしてそこに片づけるべき物を探し、自分で取って、大人の示している箱などへ片づけます。子どもが、大人の示している見本に注目しているかどうかが重要です。注目しにくい時は、見本にさわらせてあげると求められている行動に気づきやすくなると思います。

どれも同じ「帽子」とわかる

「機能的操作」「ふるい分け」「選択」は、子どもと大人の関係性という要素が含まれています。物と自分という二項関係から、物を提示する相手が存在するという三項関係へと変化していくプロセスと考えることもできます。

一方、認知力として考えた場合、材料や形は違っていても同じ物であると判断する力を育てていく必要があります。帽子を例に考えてみます。キャップでも、ハットでも、自分の帽子でも、お母さんの帽子でも、小さなおもちゃの人形の帽子でも、写真でも、絵でも、どれも同じ「帽子」なのだ、とわかるということです。これを範疇《はんちゅう》化といいます。範疇化を進めることは、とても大切です。誰がやっても同じ歯ブラシの身ぶり、誰の声でも同じ「はさみ」ということばとわかることも、範疇化といえます。

とくに自閉的な子どもに対して、目で見たほうがわかりやすいので絵を用いて次の行動を伝える、というコミュニケーション手段を用いることがあります。これは、とても有効な手段なのですが、範疇化が進んでいない子どもにとっては、絵では意味がわからないという状況が生じます。自分のカバンでなければカバンであると認識していないという状態です。同じ物ばかりをふるい分けや選択させることからはじめ、色違い、形状の違いへと進み、絵や写真を見てそれを指標として実物を選べるよう練習していくとよいでしょう。

（１）小寺冨子（２００９）『言語発達遅滞の言語治療改訂第２版』診断と治療社

28 ことばにつなげる

物の名前がわかる——物から身ぶりへ

物と物との関係がわかり、大人の働きかけに応じることができるようになってきたら、物を示されなくても大人がいっていることが何なのか理解できることを目指します。ことばの獲得です。ことばを理解できるようになっていく上で、身ぶりと幼児語が重要な役割を果たします。

大人の働きかけは、基本的に子どもがわかることを活かして、そこに新しい情報を加え、わかることと新しいことをペアにして子どもに示していくことが大切です。たとえば、歯みがきの場面なら、大人が先に歯ブラシを持ってそれを示しつつ、子どもにも自分で取ることをうながしておきます。物対物の関係です。

ここを基盤として、声かけしながら歯ブラシを操作して見せて取らせる、大人は歯ブラシを持たず声かけしながら身ぶりを見せて取らせるというように、物を消去しながら大人側の働きかけをステップアップしていきます。

ただし、ここでは生活のリズムというヒントも加わっていますので、注意が必要です。食後に洗面所に行けば、習慣的に何もうながされなくても歯ブラシを手に取るかもしれません。初期には、このような生活習慣もヒントの一部として許容してください。まずは歯ブラシの身ぶりがわかることが大切なのでなく、身ぶりを見て行動するパターンづくりと考えたほうがうながしやすいと思います。

ことばの理解へ――身ぶりから幼児語・成人語へ

幼児語は、擬音・擬態語が主です。このため、成人語に比べると音を聞いて物や状況が想像しやすいという利点があります。この特性から、幼児語のほうが初期のことばの理解は容易と考えてよいと思います。ただ、３～４歳であればまだしも、小中学生に対して、発達段階と合致しているからといって幼児語による指示を多用する、幼児語による表出をうながすことは、適切でないように思います。

身ぶりの理解からことばの理解へ移行する際も、前述のように大人の働きかけから身ぶり

表　自分の身ぶりをヒントにことばを理解する

ことばのみ	身ぶりをヒントに
大人：「○くん、カバン取って」 ↓ **子ども**：カバンを取ってくる	**大人**：「○くん、カバン取って」 ↓ 子ども：困っている ↓ **大人**：「○くん、カバン、ってどうやるの？」 途中までカバンの身ぶりをしつつ ↓ **子ども**：カバンの身ぶり ↓ **大人**：「そうだねー。カバンどこかな？」 ↓ **子ども**：カバンの身ぶりをしつつ、カバンを探す

を消去していきます。移行しにくい場合には、大人のことばに対して身ぶりをしてもらってから物を探させるステップが考えられます。

大人は身ぶりをしませんが、子どもに大人のことばかけから身ぶりを想起してもらい、子どもは自分の身ぶりをヒントにしながら物を探すという流れです（上表）。はじめは、大人も身ぶりの動きの途中くらいまで示してもいいかと思います。

名詞にもいろいろある

指導の場面では、区別しやすく日常生活の中で自分が扱う、よく目にする事物を選んで指導に用います。2～5つの事物や絵カードを子どもの前に並べて、「○○を取って」と声かけするというやり方です。

どんな事物の組み合わせにするかで難易度が変わるので、いくつかの点に注意して組み合わせを考えます。たとえば、身ぶりで示しやすい語か、幼児語で表わせる語かなどです。このほか、音が似ていることば（帽子とボールなど）、形や使う場面が似ていることば（コップとお茶碗など）は同時に選択肢に含めないようにします。

小さな工夫が子どもの理解を助けます。生活の中では組み合わせに配慮することはできないので、毎日似たような場面で同じことばを見聞きできるように配慮されるとよいと思います。

一口に名詞といっても、多くのことばがあります。子どもの生活に必要な、身近な名詞からはじめましょう。このような身近さを親近性といいます。一般的には、幼児にとって同じ文房具でもクレヨンは親近性が高いけれど、分度器は親近性が低いことになります。

また、文房具という名詞も難しいことばです。このような仲間を示す語を上位概念語といいます。上位概念語の中でも、食べ物、乗り物などは、動詞がわかるようになってくれば覚えやすいことばです。

洋服やおもちゃなど特定の物も表わすし総称としても使うことばも比較的身近です。野菜、果物、動物などはやや難しくなりますが、生活の中では耳にする機会が多いので、これらも比較的早くから覚えていきます。文房具や身につける物といった表現は抽象的で親近性も低く、難しいことばといえるでしょう。経験上、上位概念語は、身のまわりの名詞や動詞がわかるようになってから教えてあげるほうが、習得しやすいように思います。

29 記憶して行動できるように

取ってくる——目的的行動の維持

私たちは、ことばを使って思考しています。ことばを使って意思を伝達し、受け取ります。そして、自分の行動をコントロールしています。

気に入らないことや、ほかにおもしろそうなものがあっても、やりかけのことをすませてしまうでしょう。当初の目的を終えるまでやり遂げることを、「目的的行動の維持」といいます。目的的行動を維持するには、自分のするべきことを記憶して行動することが求められます。

まだことばがわからない段階の子どもでは、一つの行動を持続することが難しかったり、自分のやりたいことのみに固執するといった行動が見られます。

理由は、指示がわからない、指示されると思っていない、何をされるかわからなくて不安などいろいろあるかもしれませんが、ことばの理解ができない段階から、働きかけに応じる、すなわち1対1という最小単位の社会的ルールに応じる経験を積むことが非常に大切だと思います。

記憶して行動する経験を積んでもらうため、移動して片づける・取ってくる機会を設定します。ふるい分けと選択の項でお話ししましたが、まずは物を持たせて、移動して片づける行動を経験させて、子どもに「僕は片づけができる」という良いイメージを持ってもらいましょう。苦手な子どもなら、一歩踏み出すだけでもいいと思います。徐々に距離を伸ばしていきますが、片づけ行動をおえたあと大人のところに戻ってくることが大切です。やりっぱなしにするのでなく、報告するような意味合いを込めて子どもを呼び戻しましょう。はじめのうちは、子どもは戻る必要があると思っていませんので、片づけをおえた直後に名前を呼ぶ、いすをたたいて着席をうながす、抱っこする身ぶりを示す、お片づけ後に食べるおやつを示すなど、戻ってくる必要性を示してあげてください。その後、すこしずつタイミングを遅らせていきましょう。

家庭では、前述のゴミ捨てなどのほか、帰宅後にカバンを所定の場所に片づける、冷蔵庫にジュースをしまう、おむつを捨てる、脱いだ服を洗濯かごに入れるなどが考えられます。

幼稚園・保育園、通園施設などでは、靴を持たせて靴箱にしまう、登園カバンをしまう、帽子をかける、出席ノートを所定の場所に出すなどがこれに当たります。

離れたところにある物を取ってくる行動には、元来大人に渡すために戻ってくる前提がありますので、見本として示している物を子どものほうへ差し出すことで戻ってきてほしいという意図は伝わることが多いと思います。途中で何を取りにいったかわからなくなってしまう時には、近づいてその場で再度見本を示して子どもに取ってもらい、子どもといっしょに元の場所に戻ってください。家庭において、できるまで何度も遠い距離でくり返すことは、適切ではありません。あきらめて大人が取ってきてしまうことも、あまり適切とはいえないと思います。身ぶりやことばがわかるようになっていれば、物を持たせたり示したりせずに、取ってきてもらいます。

家庭では、食事の用意ができているのにお箸やスプーンがない状態を設定して取ってきてもらう、登園カバンを示して中に入れる出席ノートを取ってきてもらうなどが考えられます。

もらいに行く

ちょうだいの身ぶりができる、写真や絵と実物が同じであるとわかるのであれば、ほしい物を伝えて物をもらって戻る機会を設定します。写真や絵は、はじめはカードを持たせてカードと引き換えに実物をもらってくるやり方がわかりやすいようです。徐々に、コミュニケーションボードの形式で、複数の写真や絵を１枚のボードや紙に印刷しておき、それを指さしして伝えるようにします。このような疑似体験は、コミュニケーション経験の乏しい子どもたちにとって、非常に重要です。

ちょうだい身ぶりは、物を受け取る際の手の形です。手のひらは、当然上を向いていなければなりません。直接行動が主たるコミュニケーション手段である段階では、自分が手を伸ばして物をつかもうとします。このため、手のひらは下向きです。ちょうだい身ぶりができるようになるためには、このような「ひったくり型」の手の動きから、物を渡されるまで待つ形へと変えていくことが必要になります。

大人は、子どもに物を奪われずに、物を上から下へ、子どもの手のひらにのせるように渡すようにしましょう。この動きがちょうだい身ぶりの練習になります。子どもの手の甲を、すこしからだの外から内側へ寄せるようにして手のひらの向きを整えながら、物を手のひらにのせます。子どもに見えるように、おもちゃなど子どもがほしい物を示し、取りたくて伸ばしてきた手の向きを整えてあげてください。時間をかけると、介助されることがいやになってしまいます。多少不十分な形でも、許容してくり返すことが有効だと思います。

本プログラムの評価表は、「理解」と「関わり」という２軸で評価し、その交わった部分で１－A、２－Cなどと表わします。これを、ボックスと呼びます。それぞれのボックスごとに生活、運動、言語・コミュニケーション、認知、手指操作などの幅広い領域にわたる指導課題が提案され、指導目標を考える時の参考になります。なお、この評価表の指導課題は全1792項目があります。本書の内容は、０－A～２－Cの指導課題にほぼ対応していますが、参考までにいくつかの課題例を示します。

F.ルールの理解と結果の受け入れ(じゃんけんの勝ち負け､あいこがわかるなど)	G.約束を守る(教室の中でのルールや、社会のルールなど)	H.役割を自覚し、行動をする	I.計画的な行動をする
3－F			
4－F	4－G		
5－F	5－G	5－H	
6－F	6－G	6－H	6－I
7－F	7－G	7－H	7－I
	8－G	8－H	8－I

評価の基準

【縦軸：「理解」の基準】
0. 音源定位：
　音や声に気づくこと。保護者や指導者の声かけに対し、反応が見られればよい。
1. 単語がわかる：
　物がいくつかある中で、「○○取って」と言われて選べる。
2. 二語文理解：
　「ママ（パパ）のお耳は？」と言われてわかる。場面に依存しない二語文の理解がポイント。

【横軸：「関わり」の基準】
A. ちょうだいで渡す：
　「ちょうだい」とうながされて、指示に応じる。
B. 「～して」を実行する：
　「～して」と言われて、応じられる指示のバリエーションが増える。
C. 「あとで」で待てる：
　大人が近くにいる時に「あとで」で言われ、一定の時間、行動がコントロールできる。

【1－C】
理　解　動作語（食べる、洗うなど)、形容詞（きれい、おいしいなど）がわかる
表　出　拒否を表現する手段がある
関わり　あらかじめ予定を示しておくと、スムーズに行動できる

【2－A】
理　解　〈だめ―いいよ〉などの対語がわかる
表　出　物がほしいときなどに、身ぶりやことば、写真・シンボルなどで「ちょうだい」（ほしいということ）を伝える
関わり　物を介してアイコンタクトが可能になる

【2－B】
理　解　名詞（関心の薄いカテゴリーの物)、動作語（走る、座るなど）の理解が広がる
表　出　「あった」「できた」と報告表現ができる
関わり　提示された課題はやろうとする

【2－C】
理　解　なじみの薄い形容詞の理解が広がる
表　出　絵を見て、二語文で表現できる
関わり　セラピストの見本行動に注目できる

付録　子どもの発達を把握し、指導に生かすために　(社)発達協会方式 「評価と指導プログラム」について

理解＼関わり	A. ちょうだいで渡す	B. 「〜して」を実行する	C. 「あとで」で待てる	D. 順番を守る	E. 向上心がある（「勝ちたい」「うまくなりたい」「お兄さんになりたい」など）
0. 音源定位：音や声に気づく	0－A	0－B			
1. 単語がわかる	1－A	1－B	1－C		
2. 二語文理解（場面依存ではない）	2－A	2－B	2－C	2－D	2－E
3. 三〜多語文理解（場面依存ではない）		3－B	3－C	3－D	3－E
4. 重文・複文理解（場面依存ではない）			4－C	4－D	4－E
5. 絵本・アニメの筋を理解する				5－D	5－E
6. 伝達すべき内容・目的を理解、確認し、実行する					6－E
7. 読み物（小学1年後期程度）を読んで理解する					
8. 他者の気持ちを推測し、行動する					

0－A〜2－Cの言語・コミュニケーション課題

【0－A】
理　解　近くの物に対する指さしの意味がわかる
表　出　抱っこや指さしなどのような、直接的な身ぶり表現で要求する
関わり　声の調子によって、ムードを察して動きを変える事ができる（「あーっ！」などの大きい声に反応して動きを止める、など）

【0－B】
理　解　身ぶりや写真、シンボルを見ると、何をすればよいかがわかる
表　出　一本橋コチョコチョのような繰り返しのある遊びにおいて、「もう１回」を要求して、手を差し出す
関わり　片づけができる

【1－A】
理　解　入れ物などの視覚的なヒントがあれば、名詞理解の課題に応じる
表　出　「これなーに？」と絵や物を見せられて、身ぶりやシンボル、ことばなどで答える
関わり　要求を表現する手段がある

【1－B】
理　解　同じカテゴリーの物ばかりの中でも、名詞が音声で理解できる
表　出　呼名に応える（返事、または「あ」や挙手のみでもよい）
関わり　「待って」と言われて教材に手を出さないでいられる

執筆者紹介

一松麻実子（ひとつまつ・まみこ） ◆第２章担当
㈳発達協会開発科主任。上智大学、明治学院大学非常勤講師。上智大学文学部社会福祉学科卒業。白百合女子大学大学院発達心理学専修修士課程修了。国立身体障害者リハビリテーションセンター学院聴能言語専門職員養成課程卒業。言語聴覚士、社会福祉士、精神保健福祉士。

藤野泰彦（ふじの・やすひこ） ◆第３章担当
㈳発達協会開発科科長。慶應義塾大学文学部卒業。国立身体障害者リハビリテーションセンター学院言語聴覚学科卒業。言語聴覚士。

武藤英夫（むとう・ひでお） ◆第４章担当
㈳発達協会指導部部長。神谷指導室長。早稲田大学第一文学部心理学専修卒業。同大学大学院修士課程修了。臨床心理士、言語聴覚士、社会福祉士、精神保健福祉士。

小倉尚子（おぐら・なおこ） ◆第４章担当
㈳発達協会指導部部長補佐。赤羽指導室長。早稲田大学教育・総合科学学術院非常勤講師。上智大学文学部社会福祉学科卒業。言語聴覚士、社会福祉士、精神保健福祉士。

本間慎治（ほんま・しんじ） ◆第５章担当
㈳発達協会王子クリニックリハビリテーション室長。上智大学文学部社会福祉学科卒業。国立身体障害者リハビリテーションセンター学院聴能言語専門職員養成課程卒業。言語聴覚士。

編著者紹介

湯汲英史（ゆくみ・えいし）　◆編者、第1章担当

1953年、福岡県に生まれる。早稲田大学第一文学部心理学専修卒業。言語聴覚士、社会福祉士、精神保健福祉士。心身障害児通所訓練施設「さざんかの会」事務局長を経て、現在は㈳発達協会常務理事。早稲田大学教育・総合科学学術院前客員教授。著書には、『発達につまずきがある子どもの子そだて』『子どもと変える子どもが変わる 関わりことば』（明石書店）、『感情をうまく伝えられない子への切りかえことば22』（すずき出版）、『なぜ伝わらないのか、どうしたら伝わるのか』（大揚社）などがある。

［シリーズ　発達障害がある子の「生きる力」をはぐくむ 3］

ことばの力を伸ばす考え方・教え方

――話す前から一・二語文まで

2010年7月27日　初版第1刷発行
2018年1月15日　初版第4刷発行

編著者　湯　汲　英　史
発行者　大　江　道　雅
発行所　株式会社　明石書店

〒101-0021　東京都千代田区外神田 6-9-5
電　話　03（5818）1171
FAX　03（5818）1174
振　替　00100-7-24505
http://www.akashi.co.jp

装幀　松田行正＋山田知子
印刷　モリモト印刷株式会社
製本　協栄製本株式会社

（定価はカバーに表示してあります）　ISBN978-4-7503-3242-0